昨天的我
你愛理不理
今天的我
你高攀不起

張旭 著

目錄 Contents

星期三

發掘信念的潛力

目錄
Contents

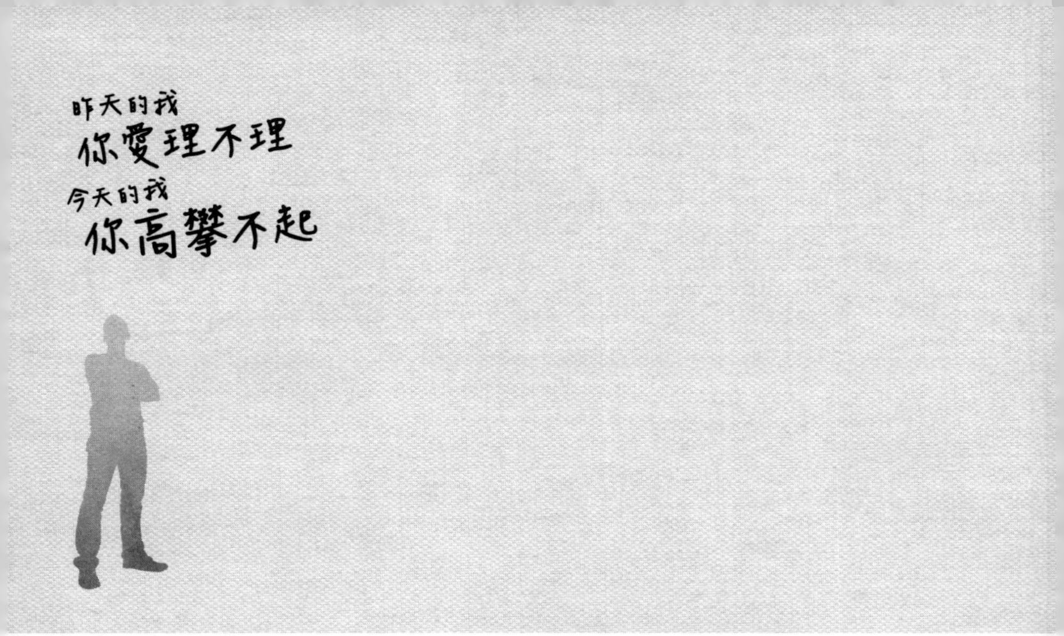

星期六 用信念帶來新一輪的好運

目錄 Contents

星期日

健康的身心是信念的基石

一周回顧

你相信什麼，你的世界就是什麼

前言

有信念，神奇的事情終會到來！

「昨天的我，你愛理不理；今天的我，你高攀不起」是阿里巴巴集團董事局主席，也是淘寶網、支付寶的創始人馬雲在一次公開演講中的開場白。是什麼底蘊讓他敢說這麼狂的話？無他，自信而已！因爲他對自己的信心，以及堅強的實力做後盾，使他能打下一片江山，締造幾乎無人能敵的商業帝國。

馬雲說過「這個世界只要有夢想，只要你不斷努力不斷學習，不管你長得如何，不管你是不是有錢，不管是這樣還是那樣，你都是有機會的。」世上沒有不可能的事，信念，正是創造無限可能的源泉。

何謂「信念」？信念是勇者面對真理的執著精神，是一種堅信不悔的堅持，是一種欲罷不能的態度，那麼，我們應該如何去認識信念呢？簡單地說，信念，乃是心中對於某件事有把握的一種感覺。如果只是一味地被別人的主見所左右，不相信「我行」、「我可以」，可以斷言，這是一個缺乏堅定信念力的人！

你敢不敢像馬雲一樣發下豪語？信念就是有使你人生發光發熱的魔力。只要你相信奇蹟，堅持信念，信念就會在你的努力和汗水的澆灌下慢慢發芽，最終長成參天大樹。如果你中途放棄，那麼前面的一切努力都只能是白費，信念的種子也就只能在泥土中慢慢腐化，不能開花結果。

記住，成功與快樂並不是偶然出現在某些人的身上，它們是在深思熟慮與努力下產生的。不管世界如何改變，不管苦難如何折磨，我們要始終相信信念是安寧、強大、富足的發端。人類最大的敵人是自己，是你的消極、疑慮、恐慌和畏懼在時時刻刻打擊你：「你不可能永遠年輕和健康，你不會富有，你不會成功！」

我們必須用更堅定的信念消除這些消極的念頭。想像那些安寧、健康、強大、富足的信念——它會帶來無拘無束的生活。相信它，運用它，神奇的事情終將會到來。

在本書中，闡明了信念在人們生活中發揮的神奇作用。爲了幫助讀者把這一極具影響力的新策略融入到思維中，書中做了一個七天的規劃，提出具有積極作用的建議，只需七天時間，我們的生活就能發生奇妙的變化！

如果說，信念是人生的太陽，它將永遠照耀著你的人生之路，只要相信自己「可能」、「可以」，春天就會在你心中永駐。

星期一

信念是創造無限可能的源泉

新的一周，一切都是新的，這意味著一切皆有可能，

而信念則是創造出這無限可能性的源泉！

首先，讓我們來認識信念，瞭解信念！

1 怎麼打牌由你自己決定

或許你出身貧寒，但很多偉人都是從卑微的身分和貧寒的家境起步，最後一步一步努力攀上了人生的高峰；或許你天生殘疾、身患缺陷，然而許多人的事蹟無不向我們展示著身殘志堅的力量和奇蹟；又或許你天生魯莽、沉穩不足，然而林則徐、華盛頓等人成功克服自己性格缺陷的例子又告訴我們，即使是難移的秉性也能改變……

人生正如某個著名的運動服裝品牌的廣告語所說的那樣：「一切皆有可能！」而信念則是創造出這無限的可能性的源泉！

人生就像是打一副牌，發給你什麼樣的牌是運氣決定，而怎麼打手裏的牌則是由你自己決定。

有一個美國女孩，她小時候因一次意外，眼睛受了重傷，最終導致雙目失明。但慶幸的是，通過手術，她還能通過左眼角的小縫隙來看這個世界。面對生活給予的「禮物」——殘缺的身體，她沒有因此而悲觀，不僅接受了現在的自己，而且更加堅定了活下去、活得更好的信念。

她很喜歡和小朋友們一起玩跳房子的遊戲，為解決眼睛看不到記號的問題，她努力把每個角落都記在腦子裏。憑藉著一股韌勁，她長大後成了一名老師。在教書之餘，她還在婦女俱樂部做演講，到電視臺裏做談話節目。雙目的缺陷並沒有影響她的人生，相反，她以積極樂觀的態度、努力奮鬥的毅力獲得了明尼蘇達大學的文學學士及哥倫比亞大學的文學碩士學位。

她所著的自傳小說《我想看》在美國轟動一時，成為暢銷名著，激勵了無數人的鬥志。她就是波基爾多．連爾教授。她曾這樣說：「其實在內心深處，我對變成全盲始終有著一種不能言語的恐懼感，但我也深知，這種恐懼不會給我帶來一點益處，我只有以一種樂觀的心態去面對這一切，激勵自己，才能最有效地改變現狀。」

也正是她這種樂觀的心態，不僅成就了她輝煌的人生，也使她在五十二歲時，經過兩次手術，獲得了高於以前四十倍的視力，再次看到美麗絢爛的世界。

同樣的困境，同樣的際遇與磨難，有些人可能會很快垮掉，有些人卻能站起來，其區別就在於信念，信念的高度能改變人生的軌跡。

成功者之所以成功，是因爲他們總是以積極的信念支配和控制自己的人生，戰勝自己的缺陷，而失敗者卻恰恰相反。

五名礦工在礦井下採煤時，礦井突然倒塌，幸運的是礦井沒有完全壓住他們，只是出口被堵住了。現在他們面臨的最大難題就是，如果不能及時得到救援，他們將由於呼吸不到氧氣而窒息而死。由於氧氣缺乏，他們在井下最多還能生存兩個半小時。

五名礦工商定，為了盡可能地節省氧氣，五人都平躺在地上，儘量減少體力消耗。在一片沉寂中，每個人的心裏都默默計算著時間，感覺死亡正一步步向他們逼近。

這五名礦工當中只有一個人戴著錶，於是另外四個礦工都向這個人詢問：過了多長時間了？現在幾點了？還有多長時間？

礦工隊長覺得，如果大家再這樣焦慮下去的話，他們會消耗更多的氧氣，可能連兩個半小時都堅持不到，於是決定讓戴錶的礦工每隔半個小時報一次時間，其他人一律不許提問。

第一個半小時很快就過去了，戴錶的礦工輕輕地說：「過去半小時了。」他這麼一說，氣氛一下子冷清了起來，他看到大家都擰緊了眉頭，不吭一聲。於是，在第二個半小時過去時，他沒有出聲，他希望大家可以忘掉死亡。當一個半小時過去時，他才慢慢地說：「一個小時過去了。」此時大家都感到這一個半小時猶如一天那麼長，在剩下的那一個小時裏，這個通報時間的礦工依舊用這種方式來欺騙大家。就這樣，時間一點點過去，營救的人還沒有趕來。

當三個半小時後，救援人員終於找到了他們。令救援隊員驚奇的是，裏面幾乎已經無法呼吸了，但是他們還都安然無恙。然而，當把這五名礦工抬到地面上時，他卻發現有一個人因窒息而死了——這個人就是那個戴錶的礦工。

這就是信念的力量。那四名礦工之所以能堅持那麼長的時間，就是因爲他們的心裏有一個信念，就是氧氣足夠他們存活兩個半小時，而現在時間還沒到；那名戴錶的礦工之所以會窒息而死，也是因爲他知道礦井裏的氧氣只夠他們生存兩個半小時，而時間早過了！

可以說，只要有信念的支撐，我們就會無往而不勝，一旦喪失了信念，也就等於喪失了生存的希望。

2 相信「我可以」

信念是人們在一定的認識基礎上，對某種思想理論、學說和理想所抱的堅定不移的觀念和真誠信服與堅決執行的態度。

信念是認識、情感和意志的融合和統一。信念是一種綜合的精神狀態，不是一種單純的知識或想法。在本質上，信念表達的是一種態度。信念強調的不是認識的正確性，而是情感的傾向性和意志的堅定性，它超出單純的知識範圍，有著更爲豐富的內涵，成爲一種綜合的精神狀態。

每個人都有自己的主見，當然，我們也需要過問別人的意見，但是，別人的意見終究只能參考。如果你只是一味地被別人的意見所左右，不相信「我行」、「我可以」，那就可以斷言，你是一個缺乏堅定信念力的人！

「微軟」得以創立，完全歸功於比爾．蓋茲對信念的執著。

當時，蓋茲發現在墨西哥州阿布凱基市有家公司正在研究發展一種稱之為「個人電腦」的東西，可是它得用BASIC程式語言來驅動，於是，他開始著手編寫這套程式，即使他並無前例可循。

蓋茲有個很大的長處，就是一旦他想做什麼事，就必有把握給自己找出一條路來。在短短的幾個星期裏，蓋茲和另外一個搭檔竭盡全力，終於寫出了一套程式語言，使得個人電腦成功問世。蓋茲的這番成就引發了一連串的變革，擴大了電腦的世界，改變了人們的生活方式，意義巨大。

這個故事告訴我們，有把握的信念能夠發揮無比的威力。做任何事情，首先要相信「我可以」，然後再著手去做。當然，這個過程中你的努力也很重要，但前提是你一定要先「相信」自己，你的潛能才會被充分地發揮出來。

有一段時間，人類一直認為在四分鐘內跑完一英里是件不可能的事，不過在一九五四年，羅傑·班尼斯特打破了這個信念障礙。他之所以能創造這項佳績，一來歸功於體能上的苦練，二來得力於精神上的突破。在此之前，他曾經在腦海中多次模擬以四分鐘時間跑完一英里，長久下來便形成了極為強烈的信念，猶如對神經系統下了一道絕對命令。果然，他做到了大家都認為不可能做到的事。

誰也沒想到班尼斯特打破紀錄會給其他的運動員帶來深遠的影響。在此之前，沒有一個人打破四分鐘跑完一英里的紀錄，可是在隨後的一年裏竟然有三十七個人進榜，而再後面的一年裏更高達三百人之多。之所以會有這個現象，乃是他的成就給其他人提供了一個新的依據：大家所認為的「不可能」實際上是可能的！

如果說，信念是人生的太陽，它將永遠照耀著你的人生之路，只要相信自己「可能」、「可以」，春天就會在你心中永駐。雖然春天裏也有淒風冷雪、風霜塵埃，但只要你在這春天裏努力地去實踐你肩負的社會責任，一路輕盈地前行，衝破一切藉口和困難，便會創造出一個美好、傳奇的人生。

3 不因不良評價而主動放棄

人生就像歌曲排行榜，有的人排在前面，有的人排在後面，有的人粉絲如雲，有的人孤單寂寞……且不說一直都在苦苦掙扎的小人物，就是有過一定業績和成就的人，在快速多樣的競爭中，也可能今日高高在上，明日跌到底層，嘗遍人生冷暖。

但是頭腦清晰、性情開朗的人，總會把坎坷的經歷當作一場必需的考試，竭盡全力應對。即便實在無力扭轉失利，他們也會用退一步海闊天空來安慰自己，先給自己一個喘息休整的機會，然後等待機遇繼續奮鬥。這是一種積極的處世態度。

而大多數人卻無法做到這樣的豁達。他們在不被人肯定的時候往往容易自我否定，一旦遭到大的打擊和失利，馬上就會開始懷疑自己的能力，抱怨自己的處境，降低自己的目標，甚至覺得自己一無是處。

如果你想成功，就千萬不能有這樣的消極信念。除非你放棄自己，否則，沒有誰可以真正讓你一無所有！

你要相信，即使別人再強勢，剝奪的只是你某一個或者某一段時間的機會，那些壓迫性的影響僅能讓你暫時沒有收穫。此刻的你，只要不是自己仰身倒下，絕對還有更多的選擇在等待你去嘗試。

貝多芬在被世人認可之前，曾拜在交響樂之父海頓的門下學習。和大多數學生不同的是，貝多芬並未被老師頭頂的光環所威懾，反而總想進行一些突破性的嘗試，改變古老的、墨守成規的創作樂風，讓音樂解脫束縛。由於彼此固執己見，貝多芬和海頓經常爭吵不休。而率直的貝多芬覺得並未在老師那裏學到更有用的技巧和方法，於是他就在獨立創作的《第二交響樂》上只寫上了自己的名字。但由於貝多芬當時正師從海頓，按照常規，他創作的曲譜也要寫上海頓的名字。這讓海頓十分惱怒，於是將這個膽大妄為的學生逐出師門。

然而，就像貝多芬所說：「一匹奔騰的駿馬絕不會讓蒼蠅叮了幾口後就裹足不前！」面對眾人的批評，儘管內心充滿了痛苦和困惑，貝多芬還是堅定地選擇了搏擊和對抗，讓新音樂的風格蓬勃發展。

在這之後，貝多芬不斷進行音樂革新，隨之而來的攻擊也越來越多。但他沒有花費時間去爭辯和苦惱，而是跳過這些苛刻的指責，充分挖掘自己的潛力，譜寫出更多、更優美的樂章，最終贏得了全世界的尊敬與熱愛。

不被人承認的時候，我們雖然沒有光環，但是我們有信念！當你低調地走過一段荊棘之路後，曾經滿布傷痕的軀體才能更強壯，你才可以昂起頭，用淡然的微笑對抗那些永遠都存在的大小傷害。

仔細回顧自己走過的日子，我們就會發現，那些當初對你不信任或敵視你的人，對你的影響大多都是積極的。試想，如果這個人當時的判斷是正確的，那麼他的話語雖然冷酷無情，卻能讓你看到自己的不足，及時作出調整，得到良好的經驗，爲將來儲存必要的能力；如果這個人的判斷完全偏差，那麼我們損失的只是短暫的利益，甚至還可能因爲別人的輕視而激發自己的鬥志，創造出奇蹟！

無論如何，只要不因爲別人對自己的不良評價而主動放棄，你就是一個勝出者。

4 信念是一種魔力

奇蹟無處不在，缺少的只是能發現和創造奇蹟的信念。

有一對祖孫，爺爺每次去看望孫子時都會帶來一些與眾不同的禮物。有一次，爺爺給孫子帶來了一個小小的紙杯，但是裏面除了泥土以外什麼都沒有。孫子很失望地告訴爺爺：「媽媽不准我玩土。」爺爺慈祥地笑著，從孫子的玩具茶具中拿出一個小茶壺，牽著孫子的小手走進廚房，盛了滿滿一壺水。然後，他把紙杯放在窗臺上，又把茶壺遞給孫子，「如果你保證每天往杯裏倒一點水，就會有特別的事情發生。」他這樣告訴孫子。

爺爺的舉動在四歲的孩子看來毫無意義，他懷疑地看著爺爺，可是爺爺卻鼓勵地點點頭說：「記住每天澆水，孩子。」他答應了。

起初孩子充滿好奇，急於知道到底會發生什麼，所以澆水並不算什麼負擔。但是時間一天天過去，什麼都沒改變，他便開始慢慢懈怠起來，越來越難以記起倒水這回事。一星期後，他問爺爺是不是可以停止了，爺爺搖搖頭說：「一天都不能停，孩子。」

第二個星期變得更困難了，他開始後悔答應爺爺往杯子裏倒水了。等到爺爺再來時，他把杯子還給爺爺，但爺爺不肯拿，只是重複道：「一天都不能停，孩子。」

第三個星期，孩子開始忘記澆水，經常是上床後才記起來，只好又爬下床在黑暗中澆水。雖然很艱難，但他還是信守了諾言，一天都沒有落下。最後，在一個早晨，原本只有泥土的杯子裏終於出現了兩片小小的綠葉。孩子吃驚極了。

「爺爺，它需要的只是水，對嗎？」爺爺輕輕拍著孫子的頭頂，「不，孩子」，他說，「它需要的是你的信念。」

這是孩子第一次懂得信念的力量。爺爺告訴他：「我們的人生充滿了奇蹟，只要你有堅定的信念和堅持不懈的努力，奇蹟就會發生在你的身上。」

確實，信念有時候就是有這樣一種魔力。只要你相信奇蹟、堅持信念，信念就會在你的努力和汗水的澆灌下慢慢發芽，最終長成參天大樹。而如果你中途放棄，那麼前面的一切努力都只能是白費，信念的種子也就只能在泥土中慢慢腐化，無法開花結果。

派蒂．威爾森是一個患有癲癇的少女，但她卻樹立了不倒的信念，創造了不倒的奇蹟。她的父親吉姆．威爾森習慣每天晨跑。有一天，戴著牙套的派蒂興致勃勃地對父親說：「爸，我想每天跟你一起慢跑。」

父親回答說：「也好，萬一你病情發作，我也知道如何處理。我們明天就開始跑吧。」

於是，十幾歲的派蒂就這樣與跑步結下了不解之緣。和父親一起晨跑是她一天之中最快樂的時光，而且跑步期間，派蒂的病一次也沒發作過。

幾個禮拜後，她向父親表示了自己的心願：「爸，我想打破女子長跑的世界記錄。」她父親替她查金氏世界紀錄，發現女子長跑的最高紀錄是八十英里。

當時，讀高一的派蒂為自己制定了一個長遠的目標：「今年，我要從橘郡跑到三藩市四百英里；高二時，要到達俄勒岡州的波特蘭一千五百英里；高三時的目標為聖路易市兩千英里；第四年則要向白宮前進三千英里。」

雖然派蒂的身體狀況與他人不同，但她仍然滿懷熱情與理想。對她而言，癲癇只是偶爾給她帶來不便的小毛病。

高一時，派蒂一路跑到了三藩市。父親陪她跑完了全程，做護士的母親則開著旅行拖車尾隨其後，照料父女兩人。

高二時，她在前往波特蘭的路上扭傷了腳踝。醫生勸告她立刻中止跑步：「你的腳踝必須打石膏，否則會造成永久性的傷害。」

她回答道：「醫生，你不瞭解，跑步不是我一時的興趣，而是我一輩子的至愛。我跑步不單是為了自己，同時也是要向所有人證明，身有殘缺的人照樣能跑馬拉松。有什麼方法能讓我跑完這段路嗎？」

醫生表示可用黏合劑先將受損處接合，而不用打石膏；但他警告說，這樣會起水泡，到時會疼痛難耐。派蒂二話沒說便點頭答應了。

派蒂終於來到了波特蘭，俄勒岡州州長還陪她跑完了最後一程。一面寫著紅字的橫幅早在終點等著她：「超級長跑女將，派蒂．威爾森在十七歲生日這天創造了輝煌的紀錄。」

高中的最後一年，派蒂花了四個月的時間，由西岸跋涉到東岸，最後抵達華盛頓，並接受了總統的召見。她告訴總統：「我想讓其他人知道，癲癇患者與一般人無異，也能過正常的生活。」

生命真是一個奇蹟，我們根本不知道下一秒會發生什麼，只有堅定信念勇往直前，才能看到別有洞天的美景。正如愛默生所說：「去做事吧，你將會擁有一股神奇的力量。」是的，不管是誰，只要下定決心去做，堅信成功的信念勝於一切，他的人生就是成功的。

5 上場前先做個勝利手勢

似乎每一個成功者在被問及最初的心態時，都會說自己有著必勝的信念。其實，必勝的信念並不完全代表最終的結果，很多抱著必勝信念的人最終也會遭遇失敗。但是，必勝的信念是一種人生態度和心態，只有抱著必勝的信念，你才能在整個奮鬥的過程中時刻保持努力，即使到了最後一刻也不放棄。如果你沒有必勝的信念，或許在結果還沒有出來之前，你便已經早早地認輸投降，喪失了鬥志。

在競技場上，必勝的信念顯得尤其重要，因此每個運動員都會在上場之前擺出拳頭、V字等各種表明自己必勝決心的動作來給自己加油鼓勁。人生又何嘗不是一個競技場呢？上場之前，請給自己做一個「V」字手勢，表明「我必勝」吧！

美國著名的游泳運動員賽特魯德．埃德爾的故事明確地向我們展示了危難時刻信念的力量。

一九二六年八月六日，年僅二十歲的賽特魯德．埃德爾成功地橫渡了英吉利海峽。

歷史上只有五位男士成功地橫渡英吉利海峽，而她是第一個成功橫渡的女性。這天的天氣十分惡劣，早上七點五分，埃德爾從法國內茲海角出發，她的後面跟著兩艘輪船，一艘載著她的親友，另一艘載滿了新聞記者和攝影師。

英吉利海峽是大西洋的一部分，西南最寬達兩百四十公里；東北最窄處直線距離三十三點八公里，即從英國的多佛爾到達法國的加萊。它的距離很長，並且平均水溫只有攝氏十三點六度，之前的挑戰者有百分之八十的失敗者都是由於不能忍受刺骨的水溫而放棄的。

一開始，她很順利，親友們不住地為她吶喊助威，過了一段時間，狂風暴雨就開始襲擊海峽。此時，她的身體已經發麻，霧很大，連護送的船隻都看不到。鯊魚在她的身旁游弋，狂風掀起的波濤不時地打擊她，為了躲避鯊魚和海浪，她在水裏掙扎了好幾個鐘頭。由於情況十分險惡，她的親友幾次勸她放棄，但每次她都要反問道：「為什麼要放棄？我相信自己能行。」正是在這種必勝信念的支撐下，雖然遇到了很多次致命的危險，她都堅強地挺了過來。經過堅持不懈的努力，埃德爾終於成功橫渡了英吉利海峽。

埃德爾的成功和她堅定的信念是密切相關的。如果她的心裏存有絲毫對自己的懷疑，那麼在橫渡過程中遇到的各種危險都會嚴重削弱她的信心和意志，最終她也就難以成功橫渡海峽，創造這一歷史壯舉。

芝加哥大學的布魯姆博士曾研究過一百位傑出且年輕的運動員、音樂家和學生。他十分驚訝地發現，這群年輕人大部分都不是自幼即初露崢嶸，而是在細心的照顧、指導和幫助下，才得以施展才華的。他們之所以成功，都歸功於成名前就已擁有「我必出人頭地」的信念。

愛默生說：「自信是英雄主義的本質。」只有相信自己能成功的人才能成功。不要在意其他人如何看你，不用在意他們對你的計畫和目標的懷疑與否定。他們視你爲空想家也好，認定你是怪人也罷，你都不必在意，你只要相信自己就好，所有問題終會因爲你的堅定信念而得到圓滿解決。

6 找出成功的信念

要成功，就必須得知道自己的目標、全盤的做法、每一步的結果、變通的彈性，直至成功。建立信念也得遵循科學的途徑，你得找出能助你成功、讓你達成心願的信念。

追求卓越的信念有很多，美國成功學大師安東尼・羅賓認爲如下幾個信念十分重要：

信念一：每件事的發生，一定有其原因和目的

什麼是克服逆境的中心信念呢？直面不幸的事實，並盡可能加以利用！成功者都擁有神奇的能力，他們善於留意任何情況中的可能性，並從中找出有利結果。不管環境是多麼的惡劣，他們總認爲事有可爲。他們認爲任何事情的發生都是有原因的，而且原因必對自己有益。他們相信，在任何逆境裏，總有可供利用的變化。

請你也用相同的信念，想想你自己。在任何情況下，都有無限多應變的方法。假設，你失去了一筆盼望許久，而且深信必能成交的生意，你可能會難過或沮喪，坐在家裏發愣或外出買醉，又或者是生悶氣，罵那家搶生意的公司，或埋怨自己公司的人搞砸了到手的生意。

這些行爲或許可以讓我們消氣一些，卻無濟於事，因爲那並不能讓我們重新獲得生意。我們應該做的是極力自制，重新調整腳步，檢討缺失，亡羊補牢，再去尋找其他的新機會。

瑪里琳．漢密爾頓曾擔任教師並成功當上選美冠軍，後來又成了加州佛瑞斯諾市的成功商人。她在廿九歲那年，玩滑翔翼失事，墜落懸崖，雖僥倖不死，但自腰部以下癱瘓，終身無法離開輪椅。

而瑪里琳並沒有因此自憐自艾，她很努力地去尋找橫在她面前的諸多可能，決意找出這場悲劇背後的機會。瑪里琳覺得自己坐的輪椅很不方便，她認為自己可以設計出更好的輪椅。於是，她召集兩位製作滑翔翼的朋友，開始製作新輪椅的樣品。

他們為自己的公司取名為「動作設計」公司。經過幾年的努力，該公司年營業額超數百萬美元，經銷店超過八百家。

瑪里琳的做法顯示出了對可能性的認同，相信自己能有所作爲。所有偉大的成功都來自於相同的信念！

花點時間想想你的信念：你對事情的期望通常是好還是壞？你希望自己的心血是終有所成抑或付諸東流？在艱難環境中，你看見的是自己的潛能還是路上的絆腳石？

不幸的是，許多人悲觀多於樂觀。要想改變人生，第一步就是認清改變的本質。若心存無力感，便會成爲無力的人。所以，要想改變，就要消除無力感，從相信自己辦得到開始。優秀的領導者，就是那些能看見良機的人，哪怕他們走進沙漠，亦能尋到花園。不可能？那以色列是怎麼辦到的？

信念二：沒有失敗這回事，只有結果

天下事，得失、成敗、禍福，全在一念之間。凡事往好處想，退一步想，必能海闊天空。

許多人深怕「失敗」，但卻偏偏會遇到天不從人願的時候。但在成功者的眼裏，沒有失敗，只有結果，失敗是動搖不了他們的。

追求結果的人，才能獲得最後的成功。成功的人並非從不失敗，他們也有勞而無功的時候，但他們認爲那是學習經驗，借用這個經驗，可以再另起爐灶。

馬克·吐溫曾說：「年輕而悲觀，是最悲哀的事。」人一旦心存失敗的想法，將一輩子陷入庸碌。成功者卻不會把失敗放在心上，他們不容許任何有害身心的消極思想存在。

贏家、領導者、大師以及擁有個人魅力的人，都曉得如果徒勞無功，就意味著得另謀他途才能達成心願。

富勒說過：「人類的一切學習，都來自不斷犯錯的經驗，也就是從錯誤中學習。」我們的確是從自己或他人的錯誤中得到經驗的。在此請你回想一下，從你一生中找出五件可以稱之爲最大的「失敗」，看看學到了些什麼?相信這些經驗一定是你人生中最寶貴的財富。

當我們心存消極想法，生理狀態、思考方式和心境就會跟著改變，而最消極的想法莫過於擔心失敗。

從現在開始就相信沒有失敗，有的只是結果。事實上，你一直在做的就是製造結果，如果不是你所要的，只要改變做法，就會有新的結果。

信念三：不論發生什麼，都要勇於負責

成功者都相信，無論發生什麼，是好是壞，都是他們自己做的，即使不是親手做的，也或多或少地影響過別人。

勇於負責是衡量個人能力及成熟度的最佳方法之一，由此也可看出他的信念，考驗他是否是心口如一的人。如果你不相信會有失敗的情形，而只相信會有最後的結果，那麼勇於負責的態度並不會讓你失去什麼，反而

會有許多收穫。

許多人都有過向別人表達善意，而對方卻不領情，造成雙方反唇相譏、怒目相視的經歷。有時候在追究挑起爭端的責任時，你會責備對方，要其負責。雖然這樣做很簡單，但不見得聰明。你只要換個態度、口氣、臉色即可。溝通的意義在於達成目的，如果你換個態度，就可改變你的溝通方式，你敢負責，就能得到掌握情勢的力量。

信念四：不一定要完全知道細節才採取行動

有許多成功者不相信做任何事都得完全清楚細節，他們知道什麼是必須知道的，而不讓細節拖慢前進的腳步。那些能幹的人，在做許多事時都有一套工作哲學，就是不完全理會每一個細節。

觀察成功者之所以成功的特殊做法，你就能學到他們的技巧。時間太寶貴了，而成功的人對時間的看法真可算是十足的吝嗇鬼。如果他們對某件東西有興趣，就會花額外的時間去學。不過，他們永遠會留意需要的程度，哪些必需，哪些不需。

成功者擅長於區分什麼是他們該知道的，什麼是不必知道的，在行與知之間找到平衡點，剩下全部時間探討根本的事項。要成功，並不需要知道一切。

信念五：全力以赴

若不全心投入，就不會有持久的成功。成功者都相信熱誠的力量，如果要挑出一個與成功絕不可分的信念，那就是完全的投入。你可以觀察各行各業中的佼佼者，不盡都是最優秀、最聰明、最敏捷、最健壯的，但絕對都是最苦幹的。前蘇聯著名的芭蕾舞家帕芙洛娃說過：「無休止地朝著一個目標，那就是成功的秘訣。」這也就是要再次強調的——知道目標，找出好的方法，動手去做，觀察每個步驟的結果，不斷修正調整，直到達成目標爲止。

是什麼因素讓賴瑞．柏德（Larry bird）成爲NBA中最佳球員之一？有許多人都感到奇怪，他行動慢，又跳不高，在以重視手腳迅捷的籃球世界裏，柏德的行動看起來彷彿是在播放慢鏡頭。但是當你詳細分析後會發現，柏德之所以能成功，就在於他的全心投入。他平日刻苦訓練，打起球來比別人認真，對自己要求也高，所以成就也冠於他人。

另外看偉大的高爾夫球手湯姆．沃森，當他在史丹佛大學時還是默默無聞。雖然他只是隊中的一名普通球員，但他的教練對其苦練的精神萬分稱道，認爲湯姆是他一生中難得一見的用功球員。在以技巧取勝的領域中，唯有埋頭苦練，方能脫穎而出。

很多專家都相信：全心投入的確是獲得成功的重要因素。

信念六：工作即遊戲

你可聽過有哪個人討厭自己的工作，卻獲得了很大的成功？有個成功的秘訣，就是把自己的工作和興趣密切結合在一起。畢卡索曾說過：「我工作時，覺得舒服自在；無所事事或談天說地，令我困倦。」或許我們無法做到畢卡索那樣，但是我們仍可以盡力找出能令我們興奮的事來，把許多遊戲中的方式帶到工作中。馬克．吐溫說過：「成功的秘訣，是把工作視爲休閒。」這也是很多成功者的工作態度。

我們常聽說有關工作狂的故事，他們除了工作外，沒有一絲休閒時間。有些人熱愛工作幾乎到了廢寢忘食的地步，因爲工作能給他帶來成就感，讓他興奮，使他活得充實。他們認爲工作是擴展自我、獲取新知、探求新境界的方式，他們對工作的看法猶如我們對遊戲的看法。

始終不悖的信念系統具有無限放大的效果，成功人士從不認爲有前途黯淡的職業，除非你不敢承擔責任，擔心會失敗。當然，這裏也不主張你成爲工作狂，讓自己的世界繞著工作打轉。但是，若想人生充實、樂在工作，就必須把遊戲時的好奇心及活力帶到工作中去。

7 不同的信念造就不同的生活

人生的結果是由很多因素決定的，你的天生資質，你的能力，都會影響最後的結果。但是這所有的因素中，信念無疑是最重要的一個。

天賦可以由勤勞來彌補，能力可以通過實踐來鍛煉，而這一切的一切都需要信念的支持。沒有堅定的信念，人生就會像彈簧，遇強則弱，遇難便縮，而你所具有的資質、能力等一切優勢也都終將發揮不出來，只能隨著你的信念一起萎靡退縮。信念決定結果，信念不同，結果就會不同。

一個魔鬼來到一個村莊。它看見這個村莊富饒豐裕，就住了下來。它每天偷雞摸狗，害得大家不得安寧。村長奇里決心找魔鬼決鬥，為村民除害。

有一天，奇里在草原上走，尋找魔鬼。迎面碰到一個人，他們互相問好後，對方問：「你往哪裏去？」

「我去尋找魔鬼。」村長回答。

「為了什麼？」對方問。

「我想除掉它，解救村民。」村長答道。

這時對方說：「我就是魔鬼。」

村長一聽，就向它衝去，雙方打了起來。奇里終於戰勝了魔鬼，把它打倒在地，接著拔出短刀，準備下手。

這時，魔鬼止住了他，說：「村長，且慢下手，你可以殺死我，但請先聽我說幾句話。」

「說吧。」村長說。

「你殺死我沒有任何好處。」魔鬼說，「如果你饒了我，我保證每天早晨在你的枕頭下放二十個金幣，直到你生命的最後一天。」

村長一聽這話，馬上動搖了，心想：「我打死它，有什麼好處？它又不是世界上唯一的魔鬼。我若饒了它，每天就可以得到二十個金幣！」於是，奇里同魔鬼訂了協議，放走了魔鬼。

第二天早晨，奇里發現枕頭底下真的有二十個金幣，不禁大喜。

這樣，持續了一個星期，奇里對誰也沒有說過這件事。

有一天早晨，奇里醒了，手伸到枕頭下摸錢，但一個錢也沒有摸到。他感到納悶，心想，大概是魔鬼忘記了，明天它一定會放好兩天的錢。

但到了第二天，枕頭底下還是沒有錢。之後奇里又等了一天，可仍舊沒有錢。這時村長奇里冒火了，就出去尋找魔鬼。

在同一草原上的同一個地方，他們又相遇了。

「喂，騙子！」奇里對魔鬼說，「你不遵守承諾！」

「我承諾了你什麼？」魔鬼問。

「你保證每天給我二十個金幣。起先我倒是每天收到，可是現在，我已經連續幾天沒有收到錢了。」

「村長啊，」魔鬼回答說，「我一連幾天給你錢，後來就不願給了。如果你不滿意的話，我們就決鬥吧。」

奇里相信自己的力量，因為他戰勝過魔鬼一次。

但這一次，魔鬼舉起了村長，將他摔在地上，並騎在他的身上，拿出短刀，準備下手。

這時，村長說：「魔鬼，你可以殺死我，但請允許我提一個問題。」

「提吧。」魔鬼答應了。

「一個星期之前，我們碰面後進行了較量，我勝了你。為什麼現在我們兩個都毫無變化，你卻戰勝了我？」

魔鬼笑著說：「因為第一次你是為了正義同我決鬥，而現在你找我是為了要錢，為了個人復仇，所以我才能不費力氣地戰勝你。」

如果懷著正義的目的和信念做事，就會充滿必勝的信心和無窮的力量；如果懷著邪惡的目的和信念去做事，就會底氣不足，終將導致失敗。

信念——行爲——結果。人的行爲是受信念支配的，而人們所創造的結果是由行爲產生的。所以，有什麼樣的信念，就會導致什麼樣的結果。

一九八九年，一位年輕人從大學畢業，應聘到某冰箱廠，工廠付給他令人眼紅的四百元月薪（人民幣）。但三個月後，他放棄了這份來之不易的高薪工作，去中科院攻讀碩士學位。

朋友們總以為他獲得碩士學位後，會找到一個比冰箱廠薪酬更高的工作，誰知三年後，他到了聯想公司，得到的工資是三百元，後來才漲到四百元。有朋友問他：「你多讀了三年書，和在冰箱廠有什麼差別？」他笑而不答。

一年後，他應聘新加坡第二大多媒體公司，從三十個中國面試者中脫穎而出，拿到相當於一萬元人民幣的薪酬，開始了為期六年的異國打工生活。

在新加坡的日子，他先後在三家軟體公司任職，後來還進了有名的飛利浦亞太地區總部。他不斷地跳槽，別人不明白這個年輕人到底是喜歡錢，還只是為了跳槽而跳槽，因為前面幾家公司給他的薪水已經夠高了。

更令人感到不可思議的是，只要是他承接的業務，即使是幾千新幣的軟體，用戶一旦在使用中出現問題，他便會放下手中的工作火速趕到。對其他工程師來說，這種客戶根本不配享受這樣的技術服務。

在新加坡，他認識了一位同行，兩人一拍即合，出資在當地開辦了公司。他又一次炒了自己的魷魚。那次創業九死一生，許多人為他不值：有好工作，有好前程，為什麼總要把自己從浪峰推向谷底。

但是，他成功了，他就是朗科公司創始人鄧國順。

美國哲學家拉爾夫．愛默生曾經說過：「我們的所想決定我們的所爲。」他把這條原則稱爲「至高無上的規律」。詹姆斯．艾倫也說過：「一個人外在的生活狀態總是可以在他內心深處找到根源。」

不同的信念造就不同的生活，不同的理想產生不同的結果，這是數千年來亙古不變的真理。

8 給信念加一張「必勝王牌」

如果將生活比作一個牌局，周計畫就是你的必勝王牌！它能夠幫助你減輕時間的壓力，緩解日常的忙亂，找到自己最重要的事情。以下三個方面的說明將爲你提供必要的指導和幫助：

制訂計畫的時間

一般來說，制訂一份有意義的周計畫至少需要半個小時。除此之外，你還要特別注意各個生活方面的平衡問題。許多人一想到「計畫」二字，就會自然而然地將自己的思維局限在工作上，從而只是注意了五天工作日的安排，卻忽略了最爲重要的雙休日——要知道，這兩天才是真正屬於你自己的時間。

因爲一周的時間相對較長，所以在周計畫中涉及的日常事務也比每日計畫要多出很多。爲了避免在制訂周計畫的過程中出現遺漏，你最好爲自己準備一個清單。要注意的是，要在前一周就制訂下周的計畫。也就是說，如果你習慣將週一看作一周的開始，那就請你在前一周的週三或週四就把紙條帶在身邊，一旦想到任何與下周的計畫相關的事情就馬上把它寫在清單上。等到正式提筆制訂周計畫時，你就會發現這張小紙條的大用處了！

此外，如果你打算在接下來的一周中與某個生意夥伴或朋友約會見面，當然也需要提前與他們取得聯繫，確定碰面的時間和地點之後，再把相應的安排寫入周計畫中。

具體來說，如果你習慣在星期日制訂周計畫，那就要在週四或週五把工作上的約會都確定下來，不要等到週末下筆時才突然發現自己已經沒有辦法跟對方聯繫了；如果你的周計畫是星期一的早上在辦公室完成的，那就最好在週末跟朋友約定具體的見面時間——這種做法不僅便於你做計畫，更能夠給對方提供足夠的時間去協調他們的日程安排。

系統化的計畫方法

如果我們只是把眼前所有的零碎事情都無序地堆砌在一起，胡亂塡滿一周的時間，那絕對不能被稱爲「計畫」。因此，在制訂周計畫的過程中，你必須以系統化爲原則：首先，請你列舉出在這一周中尤其重要的事情和必須完成的任務，然後把這些具體的事務跟自己的人生設想和目標聯繫起來，在生活中的各個方面之間進行權衡和調整，從而得出最終的結論，爲這些真正重要的事情預留出足夠的時間。

遠大的理想必須通過持續的努力才能得以實現。具體到周計畫的問題上，就意味著你必須把長期的理想劃成若干個以周爲單位的短期目標，並且進一步估算出每週所需完成的工作量。例如，你希望使自己公司的業績更上一層樓，贏得更多的客源，那麼你在接下來的一周就要集中精力發展客戶關係，或許你可以根據實際情況給自己定下目標，至少招攬兩位新顧客。又例如，你希望擁有一間整潔的辦公室，那麼從這一周開始，你就要堅持每天抽出一小段時間來進行清潔、整理和歸類的工作。

在制訂計畫的時候，我們往往會覺得時間十分充裕，但等到實施計畫時，時間卻似乎總是不夠用。這就是缺乏時間概念的表現！要想解決這個問題，最佳方法就是專時專用。

比方說，你可以把每週的小組會議安排在星期四上午十點到中午十二點，或者把星期五下班前的半小時用來整理和匯總一周的文件。只要養成了習慣，你就會擁有足夠的時間來處理這些重要的事情。

此外，這種專時專用的做法同樣適用於私生活方面：你可以將每個星期四的晚上都固定用來二人共度，跟妻子或丈夫外出享受燭光晚餐，重溫熱戀時的甜蜜感受；同樣，每個星期二下班之後，你也可以直接去健身房鍛煉身體。久而久之，你就會發現習慣背後隱藏的強大力量。

我們在制訂周計畫的同時，要充分考慮到自己的現實狀況——畢竟，我們制訂計畫的目的就是要將其付諸實現。而且，一年足足有五十二個星期，這也就意味著有五十二次制訂周計畫的機會。難道這還不足以使你的長期計畫向前邁進大大的一步嗎？如果足夠幸運的話，你的目標甚至可以在最後關頭得以實現，因此，你完全沒有必要急於求成，把一周的時間都安排得滿滿的，不給自己預留任何喘息的空間。

此外，由於周計畫的內容往往不會十分詳盡，所以在實施的過程中難免會出現一些時間上的空隙。一旦遇到這種情況，你只有兩種選擇：要麼充分利用這些機會去提前完成其他重要的事情，要麼乾脆什麼都不幹，給自己一個意外的放鬆機會——總而言之，千萬不要因爲周計畫上的空白就把時間白白浪費在無關緊要的瑣碎小事上。

最後，請你記住：任何計畫都不是對自己死板的限制，周計畫也不例外。只有當你學會爲自己的計畫注入必要的靈活性時，它才能發揮出最大的效用。當計畫有變時，翻開自己的周計畫看看其他重要事宜，你就會知道應該怎樣利用這段突然多出來的時間了。

注意勞逸結合

一周必須留一天給自己隨心所欲地安排生活：與家人共用天倫之樂，與朋友聊天談心，休閒娛樂，發揮自己的創造力……只要能夠給你的生活帶來樂趣的事情都可以！你只要記住一句話：拒絕工作！哪怕只是短短的一兩個小時也不行！這絕不是浪費時間，因爲，只有適當地讓身心完全放鬆，你才能爲自己有效充電，才能保證自己在接下來的一周裏精力充沛、心情愉快地去爲新的信念努力奮鬥。

星期二

和自己的信念對話

請不要玩你的手機，關掉你的FB、Instagram，

也別重複喝水去洗手間，看著時鐘等下班……

你要做的是一點一點地思考，然後作決定，把你的信念挖掘出來。

避免拖延！你的大腦已經吸收了各種各樣的訊息和經驗，

它已經有了等待解開的答案。

1 知道自己想要的是什麼

從小學開始，我們就被老師和家長逼迫樹立自己的理想。寫作文的時候，我們會敷衍性地寫出「醫生」、「律師」、「科學家」之類的空頭名號。在不清楚職業內容的情況下，何談「想要什麼」？

高中畢業，選擇專業，進入大學就讀，順利畢業，找到工作，大多數人的生活軌跡都是這樣平平穩穩、無驚無喜。恍然有一天，一些人開始疑惑自己到底在做什麼，自己到底想要的是什麼。很多人頭痛難忍，想不清楚，然後用「反正幾乎所有的人也都是這樣活著，不知道自己要的是什麼，找不到生活的方向，我還不是照樣活得好好的」之類的話來安慰自己。如果問他們：「你真正想要的是什麼？」他們或許會反問：「我爲什麼一定要知道這個問題的答案？」

我們不斷地在不同的演講場合、勵志書籍中看到、聽到「做你真正想做的事」，聽得耳朵都長繭了，但是，真正能做到的有幾人？

有時候，並非是障礙讓我們無法隨心所欲，而是我們根本不清楚自己想做什麼！太多的人不敢問，因爲害怕失望而不敢提出疑問，於是心存僥倖，得過且過。

史蒂夫·賈伯斯在史丹佛大學的演講中，談到了我們曾經聽過無數遍的忠告：你必須找到你自己真正喜歡的東西，在工作上是這樣，在愛情上也是這樣。工作會佔據你生命的一半，真正滿足自己的唯一方法，就是做你認爲值得的工作，而能讓你覺得自己的工作偉大的唯一方法，就是喜歡你正在做的事。

那麼，問題出來了，我們如何才能儘早知道自己想要什麼？這是一個很大的問題。讓我們沮喪的是，別人總是告誡自己一定要做自己喜歡的事，但卻從未一步一步教會我們如何找到自己喜歡做的事。

爲什麼有這麼多人在尋找自己喜歡做什麼的時候遇到了困難？因爲他們從未真正審視過自己。在生活和工作節奏這麼快的現代社會，花時間和自己在一起，似乎成了無所事事的標記。人們總是通過持續地做某件事情，不管是玩遊戲、和朋友一起聚會，還是參加各種職業培訓班等等來證明自己的存在。做這些事本身沒有任何問題，但是卻讓人懷疑大多數人都有著「我每分鐘都要做一件事情，因爲我不能跟自己獨處」的心態。人們想盡辦法充實自己生活的每一個角落，但現實卻恰恰相反，人們越生活越不知道自己要什麼。

現在，讓我們開始尋找這個答案。

第一步：對自己說，你一定會找到答案

給自己肯定的心態，你可以找到答案。這個過程會花費很長的時間，但沒有關係，確定感可以幫助你逐步獲得「反自我放棄」的身體機制，避免在尋找答案的過程中因失望而放棄。

第二步：列出自己的願望清單和技能清單

不要覺得你可以在自己的頭腦裏做這一切，要拿張紙寫下來。列出每一個你想得到的興趣和每一種哪怕微不足道的技能；也可以想想自己對什麼不感興趣，然後寫下對應面，或許你會發現技能和興趣的重合，將那些記下來，用於第三步。

第三步：留一些真正獨處的時間，問自己正確的問題來描繪自己想要做的事

人們留出時間聽音樂、烹飪、看電影、讀書，但當關係到自己未來的時候，他們從來不曾留下任何時間，這讓人很驚奇。在獨處的時候，你必須問自己一個十分清楚的問題，問題越清楚，答案也就會越簡單。不要一上來就問自己「我喜歡做什麼」，這樣的問題太寬泛，讓我們把它變窄點，嘗試著問你自己：

我在日常生活中喜歡什麼，能夠同時利用我的能力和興趣，爲自己和別人創造價值？

這種價值是通過什麼方式創造的？

這種價值創造如何與事業結合在一起，通過什麼方式賺錢？

即便某個答案看起來很荒謬，也請你寫下來。寫下你所有的答案，仔細流覽，你會發現，當你寫下答案並且看著它們，會驅使你萌生想寫新答案的念頭，從而讓你注意到以前從來不曾關注過的領域和答案，你會爲你所寫的東西感到驚奇。你會知道，你想要的到底是什麼，是你正在努力的，還是你曾經放棄的？

套用英代爾公司前總裁格魯夫的話——人生最奢侈的事就是做你想做的事，那麼人生最奢侈的生活，就是過上自己想要的生活。

一位名叫希瓦勒的鄉下郵差，每天徒步奔走在各個村莊之間。

有一天，他在崎嶇的山路上被一塊石頭絆倒。他發現絆倒他的那塊石頭樣子十分奇特，他拾起那塊石頭，左看右看，有些愛不釋手。

於是，他把那塊石頭放進自己的郵包裏。村子裏的人們看到他的郵包裏除了信件之外，還有一塊沉重的石頭，都感到很奇怪，便好意地對他說：「把它扔了吧，你還要走那麼多路，這可是一個不小的負擔。」

他取出那塊石頭，炫耀地說：「你們看，有誰見過這樣美麗的石頭？」

人們都笑了：「這樣的石頭山上到處都是，夠你撿一輩子。」

回到家，他突然產生一個念頭，如果用這些美麗的石頭建造一座城堡，那將會多麼美麗啊！於是，他每天都會在送信的途中找幾塊好看的石頭。不久，他便收集了一大堆，但離建造城堡的數量還遠遠不夠。

為了找到更多的石頭，他開始推著獨輪車送信，只要發現中意的石頭，就會裝上獨輪車。

此後，他再也沒有過上一天安閒的日子，白天他是一個郵差和一個運輸石頭的苦力，晚上他又是一個建築師，他按照自己天馬行空的想像來構造自己的城堡。

所有的人都感到不可思議，認為他的大腦出了問題。

二十多年以後，在他偏僻的住處，出現了許多錯落有致的城堡，有清真寺式的，有印度神教式的，有基督教式的……當地人都知道有這樣一個性格偏執、沉默不語的郵差，在幹一些如同小孩建築沙堡的遊戲。

一九〇五年，美國波士頓一家報社的記者偶然發現了這群城堡，這裏的風景和城堡的建造格局令他慨歎不已，他為此寫了一篇介紹希瓦勒的文章。文章刊出後，希瓦勒迅速成為了新聞人物，許多人都慕名前來參觀，連當時最有聲望的大師級人物畢卡索也專程參觀他的建築。

在城堡的石塊上，希瓦勒當年刻下的一些話還清晰可見，有一句就刻在入口處的一塊石頭上：「我想知道一塊有了願望的石頭能走多遠。」

據說，這就是那塊當年絆倒希瓦勒的第一塊石頭。

其實，有願望的不是石頭，而是我們的內心有了一股強大的信念，這個信念就是「做你想做的事情」。許多人之所以不平凡，是因爲他們能夠清醒地認識到一點：自己想過什麼生活，想要什麼樣的人生。一旦有了這個信念，任何苦難都是微不足道的。

2 找到自己的位置

有一句很經典的話：「垃圾是放錯了位置的寶貝。」同樣，寶貝放錯了地方也就變成了垃圾，人找錯了位置就難以自由地發揮。由此可見找到正確位置的重要性——你看，鳥兒飛翔在天空，天空是牠的位置；駿馬奔馳在原野，原野是牠的位置；猛獸出沒於山林，山林是牠們的位置；魚兒潛游在清溪，清溪是牠們的位置……你有你的位置，我有我的位置，大家各有自己的位置。

那麼，如何發現並找到自己的位置呢？

這跟一個人的目光有關，**我們怎麼看，決定了我們所處的位置**。以爬樹為例，如果我們一直向上看，我們就會覺得自己一直在下面；如果一直向下看，就會覺得一直在上面。如果一直覺得自己在後面，那麼我們肯定是一直在向前看；如果一直覺得在前面，那麼肯定是一直向後看。換一種眼光，進而能相對客觀地明白自己的處境和真正的位置。明白了自己真正的位置，我們才能明白自己的能力——這個位置真正需要的能力。

每個人都要有與位置相匹配的能力。世界第一高峰的珠穆朗瑪峰之所以是攀登者心中的聖地，就在於它本身擁有的高度；哈佛大學之所以是眾多學子心目中的理想殿堂，就在於哈佛本身的實力——給你思考，成就更好的你。

所以，我們要看到珠穆朗瑪峰、哈佛大學本身的價值，因爲這才是最本質的東西。一塊石頭並不會因爲一個美麗的盒子而變成寶石，而一顆金子即便掩埋在塵埃裏也依舊會發光。我們要學會讓自己擁有這個位置需要的能力，要給自己的能力找一個合適的位置。

名正才能言順，安於其位才能盡好自己的責任。在社會的大舞臺上，我們會有不同的角色，處在不同的位置。有時，即使是同一個角色，隨著劇情的推演也會有所變化。我們能做的就是了解自身的能力，給自己一個正確的位置。

對一個人來說，生活中最大的困難不是失敗與挫折，而是如何擺正自己的位置。挫折、失敗只是人們遭受的外來的「痛苦」，而如果沒有內在的調整，沒有迅速恢復的能力，沒有一個好心態，就無法從痛苦中走出來。

這個世界並不是只有偉人，也不是只有普通人。有時，偉人之所以是偉人，就在於那個位置——位置讓他去調整自己、鍛煉能力。每個人都可以去選擇自己的位置，選擇自己的生活方式，不同的位置會有不同的精彩。位置本身並沒有絕對的好壞高低，好壞高低只是我們的一種評判，人們可以根據自身的心境和感覺做出判斷。

只要我們安心於自己的位置，並在這個位置上付出，便會有自己的精彩，在自己的位置上構築一個精彩的世界。

從前，一位陶工製作了一隻精美的彩釉陶罐，他把這隻精美的陶罐搬回了家中，並將其放在屋角的一塊石頭上。

陶罐認為主人把自己放錯了地方，整天唉聲歎氣地抱怨說：「我這麼漂亮，這麼精緻，為什麼不把我放到皇宮裏作為收藏品呢？即使擺放到商店裏展出，也比待在這兒強啊！」

陶罐底下的石頭聽了忍不住勸它：「這兒不是也挺好嗎？我比你待的時間還久呢。」

陶罐聽了譏諷石頭說：「你算什麼東西！只不過是一塊墊腳石罷了，你有我這麼漂亮的圖案麼嗎？和你在一起，我真感到羞恥。」

石頭爭辯說：「我確實不如你漂亮好看，我生來就是做墊腳石的，但在完成本職任務方面，我不見得比你差……」

「住嘴！」陶罐憤怒地說，「你怎麼敢和我相提並論！你等著吧，要不了多久，我就會被送到皇宮成為收藏品……」它越說越激動，不提防搖晃了一下，「嘩啦」掉在地上，摔成了一堆碎片。

一年一年過去了，世界發生了許多事情，一個又一個王朝覆滅，陶工的房子早已倒塌，石塊和那堆陶罐碎片被遺落在荒涼的場地上，隨著時間的流逝，它們身上積滿了渣滓和塵土。

許多年以後的一天，人們來到這裏，掘開厚厚的堆積，發現了那塊石頭。

人們把石塊上的泥土刷掉，露出了晶瑩的本色。「啊，這塊石頭可是一塊價值連城的寶玉呢！」一個人驚訝地說。

「謝謝你們！」石塊興奮地說，「我的朋友陶罐碎片就在我的旁邊，請你們把它也發掘出來吧，它一定悶得受夠了。」

人們把陶罐碎片撿起來，翻來覆去查看了一番，說：「這只是一堆普通的陶罐碎片，一點價值也沒有。」說完就把這些陶罐碎片扔進了垃圾堆。

你是故事中的石塊，還是陶罐呢？社會是一個大舞臺，要想在這個舞臺上當一名好演員，就必須根據自己的素質、才能、興趣和環境條件，選擇好適合自己的社會角色，只能演配角就不要去爭當主角，適合當士兵就別搶著當將軍。一旦選準了適合的角色，取得成功便是順理成章的事情。

3 失敗不是成功的最大敵人

英國心理學家薩蓋做過一個實驗：戴一塊手錶的人知道準確的時間，戴兩塊手錶的人卻不敢確定幾點了。

美國洛杉磯加州大學經濟學家韋奇觀察到，即使一個人已有了主見，但如果有十個朋友的看法和他相反，他就很難不動搖。易趣公司CEO吳世雄對此深有體會：「中國市場上的誘惑太多，機會太多，割捨最難。不是做什麼，而是決定不做什麼最難。」

公司的商業機會如此，員工的職業規劃也如此。

當年，愛迪生公司承諾提升亨利．福特為主管，條件是福特要放棄汽車的研製。福特的選擇很輕鬆：「我早就知道我一定會選擇汽車。」年輕的福特知道自己存在的價值，知道自己的路與眾不同，他要做的就是汽車製造的先驅，而不是區區一個不知名的主管。如果福特當年選擇做主管，福特汽車公司是否存在還很難說。

再來看托馬森．沃森，他被攆出公司時已經四十歲了，而且拖家帶口，但即使在那個時候，他選擇職業也很嚴格。他先後拒絕了製造潛艇的電船公司和生產武器的雷明頓公司的邀請，他覺得這些紅火的公司在二戰後就沒有什麼前途了。道奇公司請他做總經理，但不能分紅，沃森也沒有接受。

如果沃森沒有拒絕這些對別人來說十分誘人的職位，也許就不會有後來的ＩＢＭ公司。

不可否認，不放棄是一種良好的品性，但是問題是，如果你所堅持的目標是錯誤的，而你仍要奮力向前，遲遲不願放手，那只能說這是一種愚蠢的行爲。在錯誤的道路上，過分堅持會導致更大的錯誤。成功者的秘訣是隨時檢查自己的選擇是否出現偏差，合理地調整目標，放棄無謂的堅持，輕鬆地走向成功。

因此，我們要學會靈活地看待放棄和選擇，什麼時候應該放棄，要根據自己的情況而定。諾貝爾獎得主萊納斯・波林說：「一個好的研究者應該知道發揮哪些構想，丟棄哪些構想，否則，會浪費很多時間在無用的事情上。」

從前有兩個農夫，他們每天都要翻過一座山去耕地。有一天傍晚，他們在回家的路上發現路邊有兩大包棉花，兩人喜出望外，如果將這兩包棉花賣掉，足可使一家人一個月衣食無憂。所以，兩人馬上各自背了一包棉花，匆匆趕路回家。

走著走著，其中一個農夫看到山路上有一大捆布，走近細看，竟是上等的絲綢，足足有十幾匹。欣喜之餘，他和同伴商量，放下背負的棉花，改背絲綢。可是同伴卻不同意他的看法，他認為自己背著棉花已經走了一大段路，這時才丟下棉花，豈不枉費自己先前的辛苦？不管農夫怎麼勸，同伴都不聽，沒辦法，農夫只好竭盡所能地背起絲綢，跟同伴繼續前行。

又走了一段後，背絲綢的農夫看到樹林裏有東西在閃閃發光，走近一看，竟然是很多黃金。農夫心想，這下真的發財了，於是趕忙邀同伴放下肩頭的棉花，改為背黃金。

但同伴仍然堅持要背著棉花，以免枉費先前的辛苦，並且懷疑那些黃金不是真的，勸他不要白費力氣，免得到頭來空歡喜一場。發現黃金的農夫只能盡己所能，用絲綢包了兩包黃金，和同伴一起回家。

快到家的時候，突然下起了瓢潑大雨，兩個人無處躲藏，全身都淋透了。更不幸的是，背棉花的同伴背上的大包棉花吸飽了雨水，壓得他喘不過氣來。棉花已經浸水，沒人願意要，無奈之下，農夫只好丟下一路辛苦背來的棉花，空著手和挑金子的同伴回家去了。

很多時候，人們只看到了放下時的痛苦，卻忘記了不放下所可能帶來的更大的痛。電影《臥虎藏龍》裏有這樣一句很經典的話：「當你緊握雙手，裏面什麼也沒有；當你打開雙手，世界就在你手中。」只有懂得放棄，才能在有限的生命裏活得充實、飽滿。

「放下」，不是說什麼都不要，而是說要清楚自己要什麼、要多少，這才是最重要的。正如羅斯頓說過：「你的身軀很龐大，但是你的生命需要的僅僅是一顆心臟。多餘的脂肪會壓迫人的心臟，多餘的財富會拖累人的心靈，多餘的追逐、多餘的幻想只會增加一個人生命的負擔。」

麥克．喬丹，NBA史上的一個奇蹟，他是全世界人們最為耳熟能詳的籃球運動員，曾經獲得過無數個輝煌的成績。那麼，他是如何從一個名不見經傳的普通球員，成長為國際巨星的呢？

在喬丹還是個不太知名的普通球員時，有一次，他所在的球隊取得了一場比賽的勝利，和同伴們一樣，喬丹也沾沾自喜地暢說著自己內心的喜悅之情，而一旁的教練卻顯得相當冷靜。

他把喬丹叫到一旁，用十分嚴肅的口氣對他說：「你是一個優秀的隊員，可是在今天的比賽場上，我不得不說你發揮得極差，完全沒有突破自己，你離我想像中的喬丹還差很遠。你要想在ＮＢＡ一鳴驚人，就必須時刻記住，要學會自我淘汰，淘汰掉昨天的你，淘汰自我滿足的你，否則你就不會有尋求完善的心……」

聽了教練的話，喬丹慚愧極了，他將這些話銘記於心，時刻激勵著自己。在不懈的努力下，喬丹的球技得到了迅速的提升，他終於挺進了芝加哥公牛隊。後來，他成為全美乃至全世界家喻戶曉的「飛人」。

喬丹曾多次表示過，自己取得的成績離不開教練當初的那一席話，是教練讓他明白，必須忘記過去的輝煌，才能更加集中精力應對眼前的事情。即便在他已經成為籃球巨星的時候，他依然不忘用當初的那些話來提醒自己。

喬丹的成功，正是得益於他不斷地進行自我淘汰，完善自我。失敗不是成功的最大敵人，自滿才是。稱讚自己的人是在鼓勵自己，但是這並不等於自己就像所鼓勵的話一樣，可以得到滿分。自滿之人的路走不長，因爲當別人還在繼續向前跑的時候，他卻以爲已經到達了終點，完全不知道自己被遠遠拋在了後面。所以，我們要做的，也是最不容易做到的，那就是狠心地把自滿淘汰，把沉浸在昔日輝煌成就中的心淘汰，不斷地爲自己充電，使自己能夠有足夠的資本可以再造輝煌。

「每天淘汰自己，不斷地自我更新、自我挑戰」，世界首富比爾・蓋茲就是靠這樣的精神與信念獲得了今天的成就。他沒有因爲有了世界首富的光環就滿足於現狀，在他的理念中，與其讓競爭對手開發新的作業系統挑戰自己或者取代自己，不如先自我淘汰，這樣不但能夠領先市場、主導市場甚至於壟斷市場，同時也能讓其對手難以跟上。

聰明的人會最先掌握這種通向成功的有力法寶，明智地與時代並進，做行業的主流。

4 不等待命運的饋贈

獨立行走，讓猿猴終於成爲萬物靈長；扔掉手中的拐杖，你才可以走出屬於自己的路。人生的軌跡不需要別人定奪，只有自己才能爲自己的人生畫布著色。去除依賴，獨立完成人生的樂譜，相信你定能奏響生命雄壯的樂章。

世上有一種人，總是存在極強的依賴心理，習慣依靠「拐杖」走路，尤其是依靠別人的「拐杖」走路。這些人經常持有的一個最大謬見，就是以爲他們永遠會從別人不斷的幫助中獲益。獲得力量是每一個志存高遠者的目標，而依靠他人只會導致懦弱。力量是自發的，不依賴於他人。坐在健身房裏讓別人替我們練習，是無法增強自己肌肉的力量的。沒有什麼比依靠他人更能破壞獨立自主精神的了。

這種錯誤的心理會剝奪一個人本身具有的獨立的權利，使其依賴成性。有依賴，就不會想獨立，其結果是給自己的未來挖下失敗的陷阱。

美國前總統約翰・甘迺迪的父親從小就十分注意對兒子獨立性格和精神狀態的培養。有一次，他趕著馬車帶兒子出去遊玩，在一個拐彎處，因為馬車速度很快，小甘迺迪被猛地甩了出去。當馬車停住時，兒子以為父親會下來把他扶起來，但父親卻坐在車上悠閒吸起了菸。

兒子叫道：「爸爸，快來扶我。」

「你摔疼了嗎？」

「是的，我自己感覺已經站不起來了。」兒子帶著哭腔說。

「那也要堅持站起來，重新爬上馬車。」

兒子掙扎著自己站了起來，搖搖晃晃地走近馬車，艱難地爬上馬車。

父親搖動著鞭子問：「你知道為什麼要讓你這麼做嗎？」

兒子搖了搖頭。

父親接著說：「人生就是這樣，跌倒、爬起來、奔跑，再跌倒、再爬起來、再奔跑。在任何時候都要全靠自己，沒人會去扶你。」

自那以後，父親就更加注重對兒子的培養，如經常帶著他參加一些大型社交活動，教他如何向客人打招呼、道別，與不同身分的客人應該怎樣交談，如何展示自己的精神風貌、氣質和風度，如何堅定自己的信仰。

有人問他：「你每天要做的事情那麼多，怎麼有耐心教孩子做這些雞毛蒜皮的小事？」

誰料約翰・甘迺迪的父親一語驚人：「我是在訓練他做總統。」

雨果曾經寫道：「我寧願靠自己的力量打開我的前途，而不願求有力者的垂青。」只要一個人是活著的，他的前途就永遠取決於自己，成功與失敗，都只繫於他自己身上。而依賴作爲對生命的一種束縛，是一種寄生狀態。英國歷史學家弗勞德說：「一棵樹如果要結出果實，就必須先在土壤裏扎下根。同樣，一個人首先要學會依靠自己、尊重自己，不接受他人的施捨，不等待命運的饋贈。只有在這樣的基礎上，才可能做出成就。」

將希望寄託於他人的幫助，便會形成惰性，失去獨立思考和行動的能力；將希望寄託於某種強大的外力上，意志力就會被無情地吞噬掉。

爲了訓練小獅子的自強自立，母獅子總是故意將牠推到深谷，使其在困境中掙扎求生。在殘酷的現實面前，小獅子掙扎著一步一步從深谷之中走出來。在這過程中，牠體會到了「不依靠別人，只能憑藉自己的力量前進」的重要意義，進而逐漸成熟。

真實人生的風風雨雨，只有靠自己去體會、去感受，任何人都不能爲你提供永遠的蔭庇。你應該掌握前進的方向，把握住目標，讓目標似燈塔般在高遠處閃光；你應該獨立思考，有自己的主見，懂得靠自己去解決問題。你的品格，你的作爲，你所有的一切，都是你自己行爲的產物，並不能靠其他什麼東西來改變。

即使駕車的是一匹羸弱的老馬，只要馬韁掌握在你自己的手中，你就不會翻車。人只有依靠自己，才能配得上最高貴的東西。

拋開拐杖，自立自強，這是所有成功者的做法。其實，當一個人感到所有外部的幫助都已被切斷之後，他就會盡最大的努力，以最堅忍不拔的毅力去奮鬥，最後他會發現：自己可以主宰自己命運的沉浮。

5 最符合我興趣的工作是什麼？

一個人走上社會時的第一個擇業選擇是十分重要的，這個客觀存在會影響你一輩子。也許你可以說，在某一個行當幹不下去時，再換個行當不就解決了嗎？但絕大部分人是做不到的。因爲一個人在某一行當工作久了，這份工作就習慣，加上年紀一大，家庭負擔更重，便會失去轉行時面對新行業的勇氣，因爲轉行就意味著要從頭學習，重新開始。另外，有些人心灰意冷，只想著做一天算一天。有時還會扯上人情的牽絆、恩怨的糾葛，種種複雜的原因，真是讓你感到「人在江湖，身不由己」！

如果你認爲自己在某種事業上缺乏足夠的才能，那麼還是儘早放棄這份事業爲好，否則，你的一生將會伴隨著後悔和失望。

選擇終身的職業是一件頗費周折的事情。在決策之前，你必須先剖析自己的才能與志趣，深思熟慮地加以考察，職業性質要與自己的志趣相結合，而且自覺確能勝任，這才算得上是選擇了最適合自己的職業。

一旦你決定要從事某種職業時，就要立即打起精神，不斷地勉勵自己、訓練自己、控制自己，只要有堅定的意志、永不回頭的決心，並不斷向前邁進，做任何事都有成功的希望。

在選擇職業時，你要深思熟慮，但一旦作出決定，就不能再三心二意。你必須集中所有的勇氣和精神全力以赴，你要不斷鼓勵自己，要有與一切艱難險阻做鬥爭的勇氣，要不怕吃苦、不怕碰壁，更要遠離對失敗的恐懼。

愛默生這樣說：「一個年輕人踏入社會，就正像一葉小舟駛進大江大河一般，處處都要謹慎小心，要時時仔細察看周圍的障礙與困難，然後設法一一消除，這樣才可以安然穿過河口，駛入大海之中。」

當你找到最適合自己的職業時，你會明顯地感覺到做起事來精力充沛、鬥志昂揚、信心十足，從而不會再懷疑自己是否選對了職業。同時，你那振奮的精神、快樂的表情也一定會給周圍的人帶來充滿活力的氣息。所以，在選擇職業之前，你只要問自己這樣一句話就行了：「最符合我興趣的工作是什麼？」如果一個人能夠做自願從事的而非被迫的工作，他就更容易獲得成功。

阿爾弗拉德．福勒出生在加拿大新斯科夏半島的農場。由於沒有很突出的技術專長，他找了好幾份工作都沒有保住，工作的頭兩年就被解雇了三次。後來，當他從事第四份工作——推銷刷子的時候，他發現自己最適合做這項工作並且愛上了這個職業。因為當他從事這項工作的時候，他異常興奮，屢受鼓勵，他相信自己一定能把這工作做得非常出色。於是，他把自己的全部精力都投入到了這項銷售事業中。

他逐漸成為一名成功的銷售員。在他不斷前進在成功路上的時候，他又立下了下一個目標：創辦自己的公司。這個目標非常適合他喜歡經營銷售的個性。從此，他不再為別人銷售刷子，而是自己晚上進行刷子的製造和生產，第二天拿出去推銷。

他覺得銷售自己生產的產品要比推銷別人的東西更令他興奮。當他做的刷子的銷售額不斷上升，資產也慢慢多起來時，乾脆租下一塊空地，雇了一名幫工，為他製作刷子，而他自己則集中精力推銷產品。最後，福勒的事業越做越大，成為了擁有幾千名銷售人員和年收入數百萬美元的「福勒製刷公司」的老闆。

著名的哲學家羅素在《走向幸福》一書中爲我們描述了在「生存鬥爭」壓力下的「現代人」是怎麼生活的。

清早，在妻子和孩子們還在酣睡時，他已早早起身趕到了辦公室。在那裏，他的職責是顯示一個大經理的風度才幹：他下顎緊繃，說話乾脆果斷，旨在給公務員以外的每個人留下一副精明強幹、謹慎持重的印象；他口授信函，和各色要人通話聯繫，研究市場行情，然後和那一位正在或打算與他交易的人共進午餐。同樣的事情整個下午又繼續進行。然後，他精疲力盡地回到家裏，換好衣服去赴晚宴。餐桌上，他和另一些疲憊不堪的男人們還得裝出快活的樣子。難以預計，要過幾個小時，這個可憐的人才能逃脫這種場面……

不幸的是，這樣的人和事不僅存在於書中，也來到了我們的生活當中，許多人都覺得「現代生活」令人「疲憊不堪」。

做著自己不喜歡的工作，工作就會變成一種苦役。但其實，即使是事業成功人士，也常常歎息自己成功背後的苦惱——自己不得不應付繁忙的公務，或不得不周旋於社交場合，或爲了應酬不得不放棄與家人團聚的美好時光，或礙於情面不得不做有違心願的事。

我們經常搖擺於情感與理性之間，有時情感戰勝理智，有時理智支配情感。當我們的情緒走向極端的時候，理智往往無法控制它；當我們情緒比較平和的時候，理智卻能很輕易地駕馭它。假如你不幸陷入了這種苦境，你必須設法補救。因爲，如果你對自己的工作感到枯燥無味，你便很難享受到積極人生的樂趣。

無論如何，我們都要記住一點：雖然情緒不能立刻控制理智，但卻能支配行動。因此，要調節行爲，就必須從控制情緒開始。

6 什麼是你真正愛的

當你開創你的人生事業，感受到它帶給你的生機和活力時，你就會重新意識到什麼是你真正願意做的。你會覺得生活有了更大的意義，你正在作出寶貴的貢獻。你會擁有一個引人注目的願景或目標，你會在自己生活的每一個方面都感覺更快樂。

你可以擁有讓自己感到滿足和滿意的工作，在生活中的每一天都感受到活力，同時又賺到錢。你可以在一個對自己有幫助的環境中工作，做著你喜愛的事。當你運用你的獨特技藝時，它們能讓你充分表達自我，會向你發出挑戰並激勵你。當你做著自己喜愛的事時，你就會影響你周圍人的生活，給世界帶來更多的光明。

無論你喜愛做什麼，你的行爲都會以某種方式幫助到他人，因爲當你在運用你的最高技藝時，你自然而然地就會爲他人作出貢獻，這就是能量循環之道。當你服務於他人時，無論你在做什麼，你都充分發揮了你的才能和技藝，你的工作和服務是別人需要的。

做你真正愛做的事，爲你的覺悟和靈性的成長提供一個載體，因爲當你喜愛你所做的事時，你就會自然而然地專注於你的活動。

真正適合你做的事也許不是一份你現在可以找到的工作，而是一份你要開創的工作。人類正在經歷一場意識轉變，需要新的形式讓這種更高意識來臨。舊的形式將要改變，成千上萬的人會改變工作，開創新的事業。

你們此刻可以創造新的工作，建造新的架構以支持這種新意識的揚升。認出新的機會，感覺哪裏有新的需要，並創造滿足這些需要的形式，這都是你能掌控的。

當這種新意識傳播開來，你就會有一種越來越強烈的願望，想要去從事新的工作，這份工作將賦予你和他人力量，帶來挑戰讓你進一步成長，並給你機會把你周圍的能量帶入更高的層級中。

7 不給自己畫空中樓閣

我們做任何事都要有明確的目標。例如早上開始工作時，如果不確定當天的工作目標，很容易像無頭蒼蠅一樣，不知道自己將要飛往何處，把時間浪費在不該做的事情上。有目標才能減少干擾，把自己的精力放在最重要的事情上，才能快速而有效地解決問題。

人生是一艘船，你是船長，當你向舵手發出清晰且堅定的號令時，舵手就會拚命且準確地朝著你所指示的方向前進；但是如果你的指令不夠清晰，舵手自然也就不知道要往哪個方向行駛，這艘船就只能停在原地或者漫無目標地遊蕩著。

森林裏面有很多樹，每個人都可以選一棵砍倒並扛回家。這些樹裏面，有你喜歡的，有你不喜歡的；有你的刀砍得動的，也有需要大斧頭才能砍倒的；有你能夠扛得動的，有你扛不動的；有距離你家很近的，有距離你家很遠的……你應該選擇自己喜歡的、手裏的刀能夠砍得動的，還要自己扛得動、離自己的家不遠的那棵，不能選擇自己不需要的，也不能選擇自己很不喜歡的；不能選擇自己的刀砍不動的，也不能選擇三兩下就砍倒的；不能選擇自己扛不起來的，也不能選擇自己扛起來輕飄飄的；還不能選擇離自己家裏太遙遠的。

同樣，確定自己的目標，也像選一條路。

雖然條條大路通羅馬，但有翅膀就應該選擇空中的路，而不是地上的路；沒有翅膀但是有輪子的，應該選擇平坦的路，不是坑坑窪窪的路；既沒有翅膀也沒有輪子的，就要選擇距離近的路，哪怕有點小坑……你需要對自己有充分的瞭解，對可能實現成功的道路有充分的瞭解，揚長避短，選擇適合自己的目標。

想要充分瞭解自己，一要傾聽自己內心的聲音，弄清楚自己希望擁有什麼樣的人生：是走自主創業之路，還是走就業發展之路；是在專業技術領域追求成功，還是在事務性的工作領域追求成功；是追求穩定安全的生活，還是不斷冒險和創新……同時，要認真思考、反省，諮詢親朋好友、老師同學的意見，對自己擁有什麼資源，有什麼強項、什麼弱項，適合做什麼、不適合做什麼，要有一個客觀的認識；還要對社會現狀和發展趨勢進行分析，弄清楚在今天和未來，在什麼領域成功的機會更多，以什麼方式更容易成功，自己最重要的難關是什麼。

把這些事情認真做好了，思路也就漸漸地清晰了。再經過細心認真地記錄和整理，你的目標就能明確了。這樣確定的目標，也許不完美，但至少可行，不是給自己畫一個空中樓閣，不會讓自己走上一條不適合自己的路，追求一個不合適的目標。

阿諾．史瓦辛格，一生朝著自己的目標不斷前進的強者。他的目標看似很大，其實都是通過一段時間的努力能夠實現的目標，不是看得見摸不著的水中月。

他沒有一開始就想進入政壇，成為政治人物，或進入影壇當明星，他的目標先是成為健美明星。而這個目標最重要的是個人有興趣，掌握健美運動的專業知識，能吃苦，能夠堅持不懈地持續辛苦的運動訓練，經常參加健美比賽。這一切，不需要外界的資源和特別關照，也不需要特殊的天賦，就是靠自己。只要喜歡這項運動，有足夠的毅力，堅持不懈地練下去，積累到一定的時間，就能有出色的表現，實現這個目標。

成功地成為健美明星後，進軍影壇就有了良好的基礎。有了燦爛的光芒和良好的聲譽，進軍政壇並取得成功就不再是虛幻的夢。

假如史瓦辛格一開始就把目標定在成爲政壇風雲人物，或是想首先進軍影壇當明星，就會很困難。因爲這樣的機會更難得到，競爭的人更多，需要更多更強大的資源。

因此，我們人生的任何一個階段，都應有這個階段的清晰意念。假如意念不夠堅定和清晰，那麼潛在的能量就不足以將這種潛意識轉化爲理想目標，也就很難實現這種目標。

佛洛伊德說過：「你必須要讓你的潛意識確切地知道你想要什麼，必須要引導它給你提供一種實現目標的力量。」

具體來說，我們應該這麼做：

制定目標：明確自己近期要完成的任務，分析自己性格、所處環境的優勢和劣勢、職場中可能遇到的機遇與威脅，制訂一份詳細的執行計畫。

長期和短期的目標：根據你的實際情況，在長期目標的基礎上，你可以制定短期目標來一步步實現。

移除阻礙：確切地說，寫下阻礙你達到目標的缺點與不足。這些缺點一定是和你的目標有聯繫的，而不是你所有的缺點。它們可能是你的素質、知識、能力、創造力、財力或是行爲習慣方面的不足。當你發現自己的不足時，要下決心改正它，這能使你不斷進步。

提升計畫：在實現目標的過程中，可能會需要掌握某些新技能，提高某些技能，或學習新知識。

尋求幫助：有外力的協助和監督會幫你更有效地完成這一步驟。

8 要工作也要幸福

工作，在帶給我們收入、實現我們社會價值的同時，也帶來了煩惱：薪水太低，沒有和自己的付出成正比；工作壓力太大，造成精神困擾；工作時間過長，陪伴家人的時間太少；人際關係複雜，自己無力應對……你抱怨、氣憤，只會讓自己的幸福感降低，如果我們能在自己的工作中找尋快樂，那豈不是一舉兩得的美事嗎？我們要試著去做一個快樂的上班族！

多些計畫，少些失落

考慮清楚有關自己理想職業的每一件事——從工作形式到工作環境，然後確定自己所追求職業的標準或目的。具體方法是，可以把所追求的理想職業劃分成盡可能短的各階段目標。

如果你目前只是一名普通員工，你就必須尋找一條能幫助自己達到另一職位的晉升之路。你可觀察一下是否能調到另一部門，或者先謀個較低的職務，然後找機會進修；最低限度，也要找出妨礙你日後發展的不利因素。謹記，循序漸進是改變不稱心工作的最好方法。

承包工作，磨煉自己

想像自己是個獨立承包者，你的雇主是位大客戶，然後合理分配你的時間，以達到不僅滿足客戶所需，還能從各方面發展自己的目的。例如，你的工作是負責起草各種報告式文件，用詞的好壞對你的上司可能無關緊要，但對於你——一位獨立承包人，你應認識到，你使用的措辭技巧可能會開闢一個全新的銷售市場。這實際是把你推向獨立承包人的地位。

改變認知，擺正工作態度

「我還要在這個小職位上待多久？真不想幹了。」「我必須擁有這份工作以養家糊口。」你是否經常面對這兩種選擇左右爲難？你不妨將這兩句話改成：「這個工作雖然不是很重要，但能讓我學到很多東西。我應該有一個積累經驗的必要階段，從而可以在一個合適的時候爭取升職或者跳槽。」這樣，你的心境就可以漸漸恢復平靜，不快樂感也會悄然遠遁。

不要像玻璃那樣脆弱

有的人眼睛總盯著自己，所以長不高看不遠，總是喜歡怨天尤人，也使別人無比厭煩。沒有苦中苦，哪來甜中甜？不要像玻璃那樣脆弱，而應像水晶一樣透明、太陽一樣輝煌、臘梅一樣堅強。既然睜開眼睛享受風的清涼，就不要埋怨風中細小的沙粒。

要工作，也要娛樂

有些人工作只知道拚命幹。一開始在晚上加一至兩個小時班，不久便整星期地加班，最後連週末也成了辦公時間。於是，工作成了霸佔他全部光陰的「奧客」。

這類人除了工作，幾乎沒有任何社交活動，這樣時間長了，難免會對自己的工作產生反感。

工作認真，娛樂也要認真

把自己的愛好和業餘活動當作本職工作一樣認真對待，並同樣引以為豪。如今許多人只把來自辦公室的成績看成真正的成功，這些人唯有事業上春風得意時才會沾沾自喜，而一旦工作遇到麻煩，就會感到羞辱不堪。如果你把自尊同時繫於職業努力之外，即使在工作中受挫，也能保持一種積極的態度。

不要討厭別人，要喜歡別人

如果你每天早晨一想到上班就害怕，部分原因大概是你與周圍同事相處得不好。雖然你不喜歡與他們一起工作，但最低限度也應該做到和他們積極相處。當你在電梯裏對人微笑時，別人也會報以微笑，在辦公室也是如此。以禮相待是人的本性。與不理不睬的人一夜之間就建立親密關係是不現實的，但若你真誠地去改善關係，你的同事遲早會感受到這一點。假如你對周圍一切都心存厭煩——厭煩你的工作、你的上司……你就更要用一種積極的方式與人交談，談些你喜歡的事，至少你可能會找到與同事的某些共同點。

星期三

發掘信念的潛力

不少上班族可能發現，每逢星期三都需要經過一番掙扎才肯去上班。
根據心理學家的最新研究，週三處在一周工作日的中間，
上一個週末的快樂已經遠去，而下一個週末還沒有到來，
此時人們的情緒會降至一周的最低點，有一種「長路漫漫」的感覺。
這種情況下，我們更應該樹立堅定的信念、明確的目標，
並為此付出扎扎實實的努力。
這才是星期三應該有的態度！

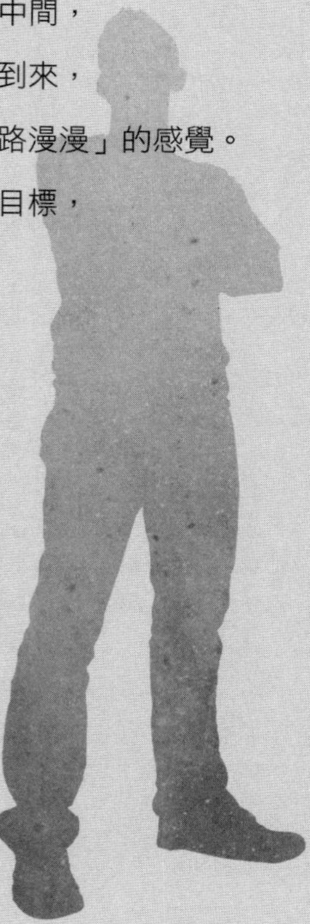

1 最好的時機就是現在

一個生動而強烈的意象突然閃入腦際，使作家生出一種不可阻遏的衝動——想提起筆將其記錄下來。但那時他有些不方便，所以沒有立刻寫下來。那個意象不斷地在他腦海中翻轉催促他，然而他始終沒有行動，直到意象逐漸模糊，至完全消失！

像這樣有了想法卻不行動、一拖再拖的人還有很多。但是，如果想要達成心中的願望，我們最好從現在立刻行動起來。

女孩十八歲前，從不知道自己想要什麼。那時她每天就在藝校裏跟著同學唱唱歌、跳跳舞，偶爾有導演來找她拍戲，她就會很興奮地去拍，無論多小的角色。直到一九九三年的一天，教她專業課的老師突然找她談話：「你能告訴我，你未來的打算嗎？」女孩一下子愣住了。她不明白老師怎麼會突然問她如此嚴肅的問題，更不知該怎樣回答。

老師接著又問她：「現在的生活你滿意嗎？」她搖搖頭。老師笑了：「不滿意，證明你還有救。你現在想想，十年以後，你會是什麼樣？」

老師的話很輕，但落在她心裏卻變得很沉重。她沉默許久後，說道：「我希望十年後自己能成為最好的女演員，同時可以發行一張屬於自己的音樂專輯。」

老師問：「你確定了嗎？」

她慢慢咬緊嘴唇回答道：「是。」

「好，既然你確定了，那我們就把這個目標倒著算回來。十年以後你廿八歲，那時你是一個紅透半邊天的大明星，同時出了一張專輯。那麼，你廿七歲的時候，除了接拍各種名導演的戲以外，一定還要有一個完整的音樂作品，可以拿給很多唱片公司試聽，對不對？廿五歲的時候，在演藝事業上，你要不斷進行學習和思考。另外，你還要有很棒的音樂作品開始錄製。廿三歲時必須接受各種各樣的培訓和訓練；二十歲的時候開始作曲、作詞，並在演戲方面接拍大一點的角色……」

老師的話說得很輕鬆，卻讓女孩感到一陣恐懼。這樣推算下來，她應該馬上著手為自己的理想做準備。可是她現在什麼都不會，什麼都沒想過，仍然為演出小丫鬟、小舞女之類的角色沾沾自喜。她覺得有一股強大的壓力向自己襲來。

老師平靜地笑著說：「你是一棵好苗子，但是你對人生缺少規劃。如果你確定了目標，希望你從現在就開始做。」

聽了老師的話，女孩發現自己整個人都覺醒了。從那時起，她明白要實現自己的夢想，就一定要從現在做起，時刻為了以後打基礎。所以，她比以前更加努力了。畢業後，她開始對角色認真篩選。漸漸的，她開始被大家所接受，慢慢嘗到了成功的喜悅。

這個女孩就是如今紅遍全國、馳名海內外的影視歌三棲明星周迅。從一九九一年到二〇〇八年初的十七年間，周迅拍攝各種題材的戲劇，成為許多知名品牌的形象代言人。百花獎、金紫荊獎、金像獎、金馬獎她都先後一一問鼎，她的歌曲也深受廣大歌迷的喜愛。毫無疑問，所有這些成就的取得，都是周迅牢記老師的話，確定目標，從現在做起的結果。

把今日的事情拖到明日去做，是不划算的。有些事情當初做會感到快樂、有趣，如果拖延幾個星期再去做，便會感到痛苦、艱辛。而且，時下的社會發展形勢也不容許我們做事拖遝。如果我們總是把事情拖到明天來完成，那我們很快就會在工作中被淘汰。

戴爾電腦公司老闆邁克·戴爾的創業經歷就充分證明了這一點。

一九七三年，戴爾只有八歲。有一天，他看到了一則廣告，說經過一種專門考試，就可以免除不必要的環節，直接拿到高中畢業文憑。小戴爾馬上就拿起電話申請，希望能直接進入大學。不料，這一步登天的好事最後卻成了戴爾身上的一個大笑話，但也正是這次經歷深深影響了他日後的商業操作理念。

受父母的影響，戴爾從小就對做生意產生了興趣。十二歲那年，戴爾進行了人生的第一次冒險——他不是從拍賣會上買郵票，而是說服鄰居把郵票委託給他，然後在專業刊物上刊登賣郵票的廣告。這一次，他出乎意料地賺了兩千美元。這讓戴爾第一次感受到「直接接觸」的好處。更重要的是，他體會到如果有好的點子，絕對要立即付諸行動。

中學時代，戴爾又對電腦發生了興趣。於是，他學習一切有關電腦的知識，利用賣報紙所賺到的錢來購買電腦零件，將電腦改裝後賣掉，用得來的錢接著再改裝另一台……在這期間，他又湧現了一個想法：只要自己的銷售量再多一些，就能夠跟那些店去競爭——由於沒有中間商，自己改裝的電腦不但有價格上的優勢，還有品質和服務上的優勢，即能夠直接根據顧客的要求提供不同功能的電腦。

一九八三年，十八歲的戴爾開著用賣報紙換來的白色寶馬車去德克薩斯大學報到，車的後座載著三部個人電腦。此時，他已經認識到電腦將成為未來最重要的工具，自己正面臨一個大好機會。於是，他在他的大學宿舍裏徹底做起了電腦生意。但他的這一行動遭到了其他人的阻攔：有一天，他的室友將他的所有電腦配件堆在門口，要求他搬出去；又有一天，父母突然出現在他面前，嚴厲地問：「你的課本呢？」戴爾趕忙把他的電腦配件藏在浴缸裏，慌亂地回答父親：「哦，我放在樓下的圖書館裏了。」

後來，戴爾在外租了一間套房，繼續做他的電腦生意。他在分類廣告上刊登電腦升級的廣告，並以低於市價百分之十五的價格銷售他組裝的電腦。那期間，「人們帶著電腦來，我就給他們插上幾條記憶體，加上一塊硬碟，他們付我錢，我就送他們上路」。戴爾做得興味盎然。雖然他鄭重向父親保證要完成大學學業，但是他的電腦生意連喘息的機會都沒有給他。

一九八四年，十九歲的戴爾帶著電腦夢想退了學，創建了自己的公司——戴爾電腦公司。戴爾滿足地說：「真正投身做電腦生意需要很大決心。我自己得出一個結論：只要想好了，就應該去做。我父母親很久以後才能理解這一點。」

在創業初期，戴爾已經積累了不少知識、技能和財富。一九八六年，戴爾公司的年收入已達到六千萬美元。一九八七年三月，年僅廿二歲的戴爾被美國學院企業家協會評為一九八六年度的「青年企業家」，戴爾由此在美國商界脫穎而出。如今，他的名氣和他的戴爾電腦已風靡全球。

通往成功的路有千萬條，而唯一的捷徑就是行動。也許你早已爲自己的未來勾畫了一個美好的藍圖，但是你卻常常對自己說：從明天開始做吧。結果總是遲遲不能將計畫付諸實施。

不管是什麼事情，最好的行動時機就是現在。今天的想法就由今天來決斷，因爲明天還有明天的事情、想法和願望。

2 羅馬不是一天建成的

妄想「坐等」成功來臨，就好像等著月光變成銀子一樣渺茫，只有腳踏實地的工作，才會獲得自己希望得到的東西。在有助於成功的所有因素中，腳踏實地是最有效的；在有助於你成功的所有品質中，腳踏實地是最可靠的。

莫札特智慧超群，自孩提時就對樂曲產生了興趣。他一聽到音樂，小手就會跟著拍起來。奇妙的是，他拍得很合拍，很有節奏感。

莫札特的姐姐瑪麗婭每次練習鋼琴時，爸爸總是精心指導，因而瑪麗婭的進步很快。每當琴聲響起，小莫札特就不吵不鬧，靜靜地聆聽著。

有一次，當瑪麗婭正聚精會神地練琴時，四歲的莫札特走到姐姐跟前，乞求姐姐讓自己彈剛剛演奏過的那首曲子，瑪麗婭親暱地指著弟弟的鼻子說：「看看你的小手，還不能跨過琴鍵呢，怎麼彈琴呢？等你長大了再學琴吧。」

一天，全家用過晚餐，瑪麗婭幫媽媽在廚房裏洗碗，莫札特就坐在鋼琴上彈了起來。父親雷奧博正在邊喝茶邊抽菸休息，聽到琴聲後，猛然站起來，驚喜地說：「聽，瑪麗婭把這首曲子彈得簡直妙極了！」話音剛落，瑪麗婭正好從廚房裏走了出來。

雷奧博呆住了，這是怎麼回事？他立即爬上樓輕輕地推開門，只見小莫札特正在聚精會神地彈奏著！父親看出兒子有優秀的音樂天賦，便開始對他進行早期教育。從四歲起，莫札特就彈起了鋼琴，拉起了提琴。莫札特的接受能力極強，許多曲子只聽一遍就能記住。

父親怕莫札特負擔過重，不想過早教他作曲。可是到五歲時，莫札特看著父親寫樂譜，便也開始學著作曲。有一次，父親走進莫札特的房間，見他正趴在桌上，在五線譜上專心地寫東西。他隨手拿起一看，不禁吃了一驚，原來兒子在寫鋼琴協奏曲，而且寫得完全符合規格。

一天，父親創作了一首小步舞曲，他要兒子把這個樂譜送到劇院院長處去，並說明這是專為院長女兒創作的。不料，路上一陣大風，莫札特手裏的樂譜被刮跑了。他一面哭著，一面追趕著到處飄蕩的樂譜。樂譜沒有全找回來，怎麼辦呀？莫札特跑到小夥伴家裏，借來筆紙，自己寫了首樂譜送去。

第二天，院長帶著女兒來拜謝，說莫札特父親的舞曲寫得太妙了，他還讓女兒把舞曲彈了一遍。莫札特的父親聽後驚呆了。他說：「這不是我作的舞曲。」他轉身問兒子：「這首樂曲是誰寫的？」莫札特只得說出原委。父親聽後激動得流出了淚，一下子把兒子抱在懷裏。

此後，父親開始教他難度較大的作曲練習。聰明而又勤奮的莫札特，在家裏不是彈琴就是作曲。五六歲的孩子像大人一樣整日埋頭音樂之中。為了讓莫札特開闊眼界，自一七六一年秋天起，父親就帶著六歲的兒子到奧地利首都維也納演出。接著，又到德國、法國、英國、荷蘭和瑞士演出，每到一地，都獲得一致好評。

七歲那年，他在法國巴黎一個音樂會上為一位著名的女歌唱家彈琴伴奏，只聽她唱一遍，莫札特就能不看樂譜，自由地伴奏，從頭到尾一點不錯。女歌唱家再唱一回，他又在琴上另選新的伴奏。每唱一曲，他的伴奏都變化無窮、和諧動聽，聽眾驚歎不已。這件事被歐洲人稱為「十八世紀的奇蹟」。

莫札特十一歲便能指揮大型歌劇演出，並寫成第一部歌劇《阿波羅和吉阿琴特》；十二歲時指揮德國著名的樂隊，名聞世界樂壇；十三歲時，便在薩爾斯堡任大主教宮廷教師。

莫札特只活了三十五歲。在短短的一生中，他寫了歌劇十九部，交響曲四十七部，鋼琴協奏曲廿七部，小提琴協奏曲五部，絃樂四重奏廿二部，鋼琴奏鳴曲廿九部，小提琴奏鳴曲三十七部，其他各類樂曲一百多部，給人類的音樂寶庫留下了寶貴的藝術財富。

「羅馬不是一天建成的。」成功的關鍵在於腳踏實地一步步積累。任何事都要認真對待，不要輕視任何微小的收穫或進步，不肯從小事做起的人註定不能成功。

對很多人而言，勞動也許是一種負擔或者勞累，甚至是對他人的懲戒；而對另外一些人而言，那是一種幸福。只有腳踏實地的勞動，才會有所成就，否則將一事無成。

愛迪生說過：「如果你成功地選擇勞動，並把自己的全部精神灌注到它裏面去，那麼幸福本身就會找到你。」知道自己工作的意義和責任，並永遠保持一種自動自發的工作態度，這是那些成就大業之人和凡事得過且過的人最根本的區別。

美國人法拉．格雷是知名的「商界神童」。他六歲白手起家搞推銷，十四歲時就成了百萬富翁。如今，他的生意已擴大到通訊、食品、出版等領域，他本人還主持廣播和電視節目，在紐約和拉斯維加斯都擁有辦公室。

格雷出生於芝加哥一個普通的單親家庭，是五個兄弟姊妹中最小的一個。據悉，格雷六歲那年，母親患上了很嚴重的心臟病。格雷心疼母親，渴望能幫助她減輕生活負擔，但是，沒有人敢雇用他這個六歲的「童工」。格雷無奈，只得苦思冥想，終於發現了一個賺錢的方法——推銷潤膚露。格雷說：「我請媽媽幫我低價批發到一些潤膚露，然後挨家挨戶地進行推銷。有人開門，我會握著他（她）的手，說：『您好，我叫法拉·格雷，您願意買下這瓶潤膚露嗎？它只要一點五美元。』通常，主婦們一看到我懇切的眼神，都會說：『好，我買。』」

有了一些積累後，八歲那年，格雷創建了自己的「商業俱樂部」。他向當地的商人尋求資助，請求他們提供車輛和開會場所，以便讓他和其他兒童一起切磋經商「秘訣」。格雷說：「剛開始，我總是遭到別人的拒絕，他們一看到我就關門。但我總算通過『五人策略』募集到了一點五萬美元的投資。所謂『五人策略』，就是如果你拒絕我的請求，那麼請你給我介紹五個可能會接受我請求的人。」通過募捐得來的錢，格雷和他的夥伴們做起了銷售餅乾和禮品卡的生意。

格雷一家搬到拉斯維加斯後，他的經商天賦引起了當地媒體的關注。有一次，格雷受邀到脫口秀節目中接受採訪。後來，他自己也成了一名脫口秀節目主持人。那年，他只有十二歲。雖然年齡小，但格雷的口才卻不遜於大人們，沒過多久，就連許多機構都開始約他進行演講，他的預約表排了一長串，而且每場演講的報酬高達五千到一萬美元。格雷說：「我的電話總是響個不停，人們想知道，我是如何建立自己的俱樂部的，我是怎樣成為一名脫口秀節目主持人的。他們說：『來給我們老年人或年輕人講講你的成功史吧，這兒有一張支票等著你。』」

有一次，格雷看了祖母做果汁的過程後，靈機一動，立即決定建立一家食品公司。他說：「我是一邊看書一邊學習如何經營一家食品公司的。」靠著這家食品公司和其他生意上的收入，十四歲的時候，格雷就成了一名百萬富翁。那年，他給家裏買了一棟房子，讓母親住得更舒服些。

二〇〇四年，二十歲的格雷出版了與人合著的書《白手起家的百萬富翁：九個步驟使你變得有錢》。書中列出了他的經驗之談：愛惜你的名聲，永遠不要害怕被拒絕，建立智囊團，抓住每一個機會，跟隨潮流但有自己的目標，對失敗做好心理準備，花時間學習，熱愛你的顧客，永遠不要輕視人脈的作用。

世界上許多偉大事業的成功者都屬於那些敢想、敢做、敢成敗的人，而那些所謂智力超群、才華橫溢的人卻因瞻前顧後、不知取捨而終無所獲。我們常聽說，天才、運氣、機會、智慧是成功的關鍵因素，但更多的人失敗是因爲有三件事沒有做到位，即「缺乏敢想的勇氣，缺少敢做的能力，沒有敢成敗的決心」。

一八八三年八月十九日，在法國的盧瓦爾河畔的索米爾小鎮上，香奈兒出生了。香奈兒十二歲時，母親去世，她在孤兒院度過了少年的黯淡時光。十七歲時，她來到另一個小鎮，進入了修道院。在法國，婦女的地位是低下的，一個女孩要想在社會上生存是非常艱難的。孤兒院的生活使香奈兒明白，高超的針織手藝對於女性而言非常重要，她可以通過針線活來養活自己。於是，十八歲那年，她來到一家商店做助理縫紉師。

香奈兒的卑微出身和早年生活給她的服裝理念打上了深刻的烙印。周圍的成年婦女穿的工作服使她相信，婦女需要的不是煩瑣的裝扮，而是適合她們生活方式的寬鬆舒適的衣衫。香奈兒認為：「女人為造成她們舉止不便的服飾所束縛，從而被迫依賴於僕人和男人。」孤兒院窮苦的生活滲入了她的設計風格：樸素端莊、簡明大方。

在她工作的小鎮上有許多駐兵，尤其是那些朝氣蓬勃的騎兵制服給她留下了深刻的印象，這也成為此後著名的鑲邊服裝的靈感來源。二十多歲時，香奈兒遇上了富有的騎士卡佩爾。一九〇八年，在卡佩爾的資助下，香奈兒開了第一家帽子店，她的帽子寬大實用，受到了許多婦女的歡迎。

一九一二年，趁熱打鐵的香奈兒又在法國上流社會的度假勝地——諾曼第海邊開了自己的第一家服裝店。很快，她極富個性的運動衫、開領襯衫、短裙、男式雨衣受到了時髦女郎的注意。不僅如此，為了擴大宣傳，香奈兒讓自己的姐姐穿上她設計的服裝，到城裏最繁華的地方吸引婦女們的注意，這差不多是最早的一種廣告形式。

一九一八年，香奈兒的親密愛人卡佩爾因車禍遇難，但香奈兒依然堅強地發展自己的事業。一九二四年，她推出了著名的黑色小禮服，掀起了世界服飾的革命。她設計的服裝強調的是舒適性、方便性和實用性。在第一次世界大戰期間，男士上戰場，女性擔負起持家工作，職業婦女漸漸興起，因此需要較實用的服裝。香奈兒的服裝正好符合這個趨勢，她的事業也迎來了蓬勃發展。

第一次世界大戰後，香奈兒認為手工定做服裝不符合大眾需要，所以，當時手頭上雖然已有約兩百位客人的訂單（包括伊莉莎白．泰勒、英格麗．褒曼），但她還是決定投入成衣這個市場，這一舉動讓香奈兒企業成為數一數二的服飾大企業。

香奈兒並沒有滿足自己取得的成績。自一九二〇年開始，香奈兒開始提倡整體形象，這當然是從頭到腳，還包含配件、化妝品、香水。對她來說，一個女人不該只有玫瑰和鈴蘭的味道，香水會增添女性無窮的魅力。於是，她推出了「香奈兒五號香水」，這是第一支由服裝設計大師推出的世紀經典香水。當著名的好萊塢影星瑪麗蓮．夢露用性感而充滿磁性的聲音對全世界說「夜裏，我只『穿』香奈兒五號」時，全世界都為之瘋狂了。

想要收穫成功的人生，就要做到腳踏實地。我們決不能僅僅播下幾粒種子，就坐在那兒指望不勞而獲。我們必須給這些種子澆水，給幼苗培土施肥，要是疏忽這些，野草就會叢生，奪去土壤的養分，直至莊稼枯死。

3 看見財富的路標

有些人只知佩服胸懷雄心的人，卻不知應如何分解和細化自己的雄心和目標。目標必須越細越好，最好能細化到每天甚至每小時，讓自己能真真切切地看到自己的目標在哪裏。實現了每一個細小的目標，大目標也就水到渠成了。

廿五歲的時候，普雷斯失業並面臨挨餓的窘境。他以前在伊斯坦布爾、巴黎、羅馬都曾嘗過貧窮挨餓的滋味，但這次不同，這個紐約城處處充溢著富貴氣息，使他覺得失業十分可恥。

普雷斯不知道該怎麼辦，因為他覺得自己勝任的工作非常有限。他能寫文章，但不會用英文寫作。失業期間，他白天就在馬路上東奔西走，目的倒不是為了鍛煉身體，而是因為這是躲避房東的最好辦法。

一天，普雷斯在四十二號街碰見一位金髮碧眼的高個子，普雷斯立刻認出他是俄國的著名歌唱家夏里賓先生。普雷斯記得自己小時候常常在莫斯科帝國劇院的門口排隊，要等待好久方能購到一張票，去聆聽這位先生的演唱。後來普雷斯在巴黎當新聞記者，曾經去採訪過他。普雷斯以為他不會認識自己，但他卻還記得普雷斯的名字。

「很忙吧？」夏里賓問普雷斯。普雷斯含糊地回答了他。普雷斯想：他一眼就看出了我的境遇。「我的旅館在第一〇三號街，百老匯路轉角，跟我一同走過去，好不好？」他問普雷斯。

走過去？其時是中午，費雷斯已經走了五個小時的馬路了。

「但是，夏里賓先生，還要走六十個橫馬路口，路不近呢。」

「誰說的？」夏里賓毫不含糊地說，「只有五個馬路口。」

「五個馬路口？」普雷斯覺得很詫異。

「是的，」他說，「但我不是說到我的旅館，而是到第六號街的一家射擊遊藝場。」

這有些答非所問，但普雷斯還是順從地跟上了他。沒多久就到了射擊遊藝場的門口，他們看見兩名水兵在玩射擊，好幾次都打不中目標。然後他們繼續前進。

「現在，」夏里賓說，「只有十一條橫馬路了。」普雷斯搖搖頭。

不多一會兒，他們走到了卡納奇大戲院。夏里賓說：「我要看看那些購買戲票的觀眾究竟是什麼樣子。」幾分鐘之後，他們又前進了一段路。

「現在，」夏里賓愉快地說，「離中央公園的動物園只有五個橫馬路口了。裏面有一隻猩猩，牠的臉很像我所認識的唱次中音的朋友。我們去看看那隻猩猩。」

又走了十二個橫路口，他們來到了百老匯路，在一家小吃店前面停了下來。櫥窗裏放著一罈鹹蘿蔔，夏里賓遵醫囑不能吃鹹菜，於是他只能隔窗望望。「這東西不壞呢，」他說，「使我想起了我的青年時期。」

普雷斯走了許多路，原該筋疲力盡，可是奇怪得很，他今天反而比往常精神些。這樣忽斷忽續地走著，走到夏里賓住的旅館的時候，夏里賓滿意地笑著：「並不太遠吧？現在讓我們來吃中飯吧。」

在那頓滿意的午餐之前，夏里賓解釋給普雷斯聽，為什麼要走這許多路的理由。「今天的走路，你可以常常記在心裏。」這位大音樂家莊嚴地說，「這是生活藝術的一個教訓：你與你的目標之間，無論有怎樣遙遠的距離，切不要擔心。把你的精神集中在五個橫街口的短短距離，別讓遙遠的未來使你煩悶，常常注意於未來廿四小時內使你覺得有趣的小玩意。」

夏里賓先生把六十個路口一次又一次地分割成更小的目標，最終分割到五個路口。每次只是走一小段路，實現一個小的目標，這樣就使未來目標的實現變得容易多了。

我們的目光不可能一下子投向數十年之後，我們的手也不可能一下子就觸摸到數十年後的那個目標。爲了不讓自己的付出感到絲毫勞累，我們應該計畫著一步一步走向成功，保證自己每天都能看見財富的路標，每天都能嘗到成功的甘甜，體味到奮鬥的喜悅與滿足，腳踏實地的付出換來的永遠是一種實實在在的得到。

雷華是一位保健品推銷員，他一直都希望自己能躋身於金牌推銷員行列中。開始的時候，他總是不斷地遭受失敗，這讓他覺得自己不適合做保健品銷售，他想轉入鑽石行業。於是，他開始對這份職業抱著無所謂的態度，對於有可能成交的客戶，他從來沒真正去爭取過，也從來沒有看過公司的獎勵制度。直到三年後的一天，一位朋友對他說了這樣一句話：「如果讓願望更加明確，就會有實現的一天。」在這句話的啟發下，他開始改變自己。

他當晚就把公司的獎勵制度認真地看了一遍，開始設定自己希望的總業績，然後再逐漸增加，這裏提高百分之五，那裏提高百分之十，結果顧客卻增加了百分之二十，甚至更高。這激發了雷華的熱情。從此，不論什麼狀況、任何交易，他都會設立一個明確的數字作為目標，並在一兩個月內完成。

終於，在第一年的年終，雷華的業績創造了空前的紀錄。

雷華自己做了一個結論：「以前，我不是未曾考慮過要擴展業績，提升自己的工作成就。但是因為我從來只是想想而已，不曾立即行動，當然所有的願望都落空了。自從我明確設立了目標，以及為了實現目標而設定具體的數字和期限後，我才真正感覺到，強大的推動力正在鞭策我去達成它。」

目標有很多種，有長遠的目標，也有近期的目標，有最終的目標，也有暫時的目標。有規劃、有目的的人生就是無數個長遠和近期的目標所組成的一個過程。只有一個最終的理想而沒有實現的具體的規劃，人生便會像在黑暗中行走一樣，雖然知道自己要到達的地方，卻不知道應該怎麼走才能到達目的地；如果只有短期的計畫而沒有長遠的理想，那麼人生也會如平原上的河流一樣，四處流動卻不知道自己最終要走向何方。

4 知道不如做到，想到更要做到

有句俗話是這麼說的：「不怕做不到，只怕想不到。」當然，很多時候，靈光一現的創意確實是彌足珍貴，能給人們帶來意想不到的成就。然而，想法終究只是存在於腦海裏，沒有行動就只是紙面文章，一腦子空想而已。因此，上面的話也可以這麼說：「知道不如做到，想到更要做到。」

汽車大王亨利．福特告訴了我們一個極爲簡單的成功法則。他說：「認爲自己能做到或是不能做到，其實只是一個轉念。」不要因爲人們的懷疑，就阻礙了你的想像空間。只要想到了，就要去付諸行動和實踐；只要努力行動，就沒有什麼是不可能的。如果只知一味懷疑，遲遲不肯行動，那麼再美妙和實際的想法也只是紙上談兵。

二十世紀上半葉，飛行還處於螺旋槳式的小飛機時代，這類機型不僅無法長時間飛行，而且運載量低、故障率高。美國環球公司為了發展航空科技，特別舉辦了一個有關航空的徵文，題目是「我心目中的未來航空」。

其中，有位參賽者名叫海倫，她非常熱愛飛行，對航空更是充滿憧憬，她認真地寫下自己的夢想：「……到了一九八五年，噴射飛機裏將能載運三百位熱愛天空的乘客，而且最高時速可達七百英里，總航程可達五千萬英里。有的飛機能自由降落，也能在大樓平臺上緊急降落，而我們更可以乘坐飛機，很快地到達世界的各個角落遊玩，像美麗的夏威夷或埃及的金字塔。這樣旅程縮短了，生命時間也加長了！」充滿想像的海倫，還對機場的設施與導航設備等都做了預測。

然而，如此大膽的想像卻不被人們看好，甚至當時的專家學者也認為這根本不可行。於是，海倫的「偉大想像」就這麼被棄置了，沒有人在意這份充滿創意的「夢想」。

直到四十年後，創意部門在整理檔案時，統計出這些四十年前的作品，一共有一萬三千份。大家在一一整理閱讀時發現，這些作品多數明顯保守與缺乏創意，直到他們看見海倫的答案時才為之眼前一亮。因為，當年她所「夢想」的如今都已經實現了，而且幾乎一模一樣。大家為之驚奇不已，也對海倫由衷敬佩。

經過一番努力，他們終於找到了海倫，當時她已經八十多歲。公司帶給她五萬美元，作為遲來的獎勵。

海倫通過對飛行的瞭解與熱愛，構建出了對未來航空的憧憬。如果她的大膽想像獲得了當時評審者的青睞，並予以重視的話，海倫的夢想也許不必等到四十年後才實現。因此，想法和周全的計畫很重要，而勇敢地踏出實踐的第一步更重要。

在法國南部一個很小的城市裏住著一群人，他們從來沒有離開過小城，一直認為這座小城是最美麗最富饒的地方。後來，有一位外地的客商路過小城，客商告訴他們：小城只不過是一個小得極不起眼的地方而已，小城之外還有很多地方比這個城市更美麗、更富饒。

聽了客商的話，小城中的人們決定出去走一走，開開眼界。有了這個想法之後，他們決定在出發之前做一份周全的計畫。他們根據客商的描述制定了一份內容詳盡的計畫。客商離開小城時留給了他們一本關於旅行的書，根據這本書介紹的內容，他們感到最初制定的那份計畫太不周全了，於是又加入了一些條款。

經過幾次修改和完善，他們終於有了一份完整的出行計畫，可還是不能立即出發，因為出行計畫上羅列的許多東西他們還沒有準備好。他們還要買地圖，由於從來沒有走出過小城，所以他們只能從外面來的一些商販手中購買地圖。終於有商販來了，他們從商販手中買了好幾份地圖，不過商販告訴他們，如果想到更遠的地方旅行，最好用地球儀，於是他們又等待賣地球儀的商販進城。

就這樣，他們等到了地球儀。在買了地球儀之後，他們發現還需要火車時刻表；在有了火車時刻表之後，他們又發現還需要指南針。在這些東西都準備好了之後，他們又覺得還需要一個行李箱；行李箱準備好了之後又發現沒有鎖出門不安全，於是他們又找鐵匠打了一把十分保險的鎖……

等人們把一切都準備好之後，他們才發現自己早已年老力衰，根本沒有足夠的力氣實施當年制定的計畫。況且他們當初的那份雄心壯志早已被時間消耗殆盡，最後他們不得不老死在小城中。

空有計劃而不付諸實踐永遠都不可能成功，就像故事中小城裏的人們一樣，計畫雖然天衣無縫、極盡完美，但是他們始終都不敢將計畫付諸實踐。這種「前怕狼後怕虎」的猶豫態度，最終也使得他們完美的計畫付諸東流，沒有任何實際效果。

成功的第一步總是很艱難的，這需要極大的勇氣和決心，而將想法付諸實踐便是實現夢想的第一步。只有踏出了這一步，才能邁上成功的大道，而畏畏縮縮，遲遲不肯行動，再完美的計畫和想法也只是枉然。

5 搶佔先機才能贏得制高點

在戰爭中講究兵貴神速，在功夫中也有「天下武功，無堅不摧，唯快不破」的說法。這些說的都是一個速度制勝的道理。確實，在當今時代，形勢瞬息萬變，任何事情都在快速的變化中，沒有什麼是恆定不變的，所以速度就顯得尤其的重要。

機會稍縱即逝，能夠快速行動、把握機會的人，才能真正把握住成功的契機。成功的關鍵是行動，但行動要成功就需要速度。不拖延，不猶豫，雷厲風行的行動才能真正成就成功。

自二〇〇〇年十月起，每週六的上午，海爾中高級經理人都要進行互動式培訓。海爾集團董事局主席兼首席執行官張瑞敏與海爾集團總裁楊綿綿都是「老師」，而「教材」則是各產品事業部在近一周內所發生的市場案例。

在一次互動培訓課程中，面對七十多位中高層經理，張瑞敏提出互動培訓的主題是「推進流程再造」，並首先出了一個很像「腦筋急轉彎」的問題：「你們說，如何讓石頭在水上漂起來？」「把石頭掏空！」有人喊道，張瑞敏搖搖頭。「把石頭放在木板上！」張瑞敏說：「沒有木板！」「做一塊假石頭！」大家哄堂大笑。張瑞敏說：「石頭是真的。」

此時，海爾集團副總裁喻子達頓悟：「是速度！」張瑞敏斬釘截鐵地說：「正確！」他接著說：「《孫子兵法》上有這樣一句話：『激水之疾，至於漂石者，勢也。』速度能使沉甸甸的石頭漂起來。同樣，在資訊化時代，速度決定著企業的成敗。海爾流程再造就是要以更快地回應市場速度來滿足全球用戶的需求！」

作為一家國際知名企業，海爾集團擁有一流的管理能力和水準。在其管理的背後，發揮基礎作用的是海爾獨具特色的企業文化。

在進軍PC市場的過程中，海爾更深刻體會到了「速度制勝」的含義。在激烈的IT競爭中，海爾電腦正是依靠速度，才奠定了其在PC市場的地位。

從海爾的發展過程和管理理念中我們可以看出，速度對於一個企業的生存和發展有著多麼大的意義。在當今商業領域的競爭往往都是速度的競爭，誰能夠搶得先手，誰就能夠占得先機，所謂後來居上，那只是被迫無奈之舉。

世界五百強企業之一的三星集團同樣看重速度的作用，他們的管理理念中就有一個速度定律。

三星自創業初期，就在激烈的市場競爭中摸爬滾打，逐漸探索出了一套行之有效的法則——速度定律。三星秉承這一克敵制勝的理論法則，屢獲成功。

三星電子CEO尹鐘龍分析：新產品就像生魚片一樣，要趁著新鮮趕快賣出去，不然等到它變成「乾魚片」，就難以脫手了。這就是三星著名的「生魚片」理論：一旦抓到了魚，在第一時間內就要將其以高價出售給第一流的豪華餐館；如果不幸難以脫手的話，就只能在第二天以半價賣給二流餐館了；到了第三天，這樣的魚就只能賣到原來四分之一的價錢；而此後，就是不值錢的「乾魚片」了。

以此類推，在電子產品的開發與推廣中也蘊涵著同樣的道理：在市場競爭展開之前，把最先進的產品推向市場，放到零售架上。這樣，通過時間差就能賺取高額的回報。

尹鐘龍認為，在數位時代，市場已形成了群雄逐鹿的格局，沒有先來後到之分，因為大家都可以輕易地獲得相同的技術，真正起決定作用的是商業智慧與速度。正如《孫子兵法》所講，兵貴神速。三星以速度取勝，不斷推陳出新，領先市場一步，確保「人無我有、人有我優」，他們的產品永遠是電子市場上新鮮的「生魚片」。

眾所周知，三星並不是第一個吃「螃蟹」的手機製造商，但它生產的手機品種卻是最多的，一年內能生產一百多種款式，是諾基亞新品的兩倍之多；三星並非MP3快閃記憶體和數位相機的先驅，但現在卻成為這一利潤可觀市場的領軍人物；三星也不是手機CDMA技術的鼻祖，但它卻率先在亞洲制定了CDMA的商業化標準……

三星深知，先人一手，才能搶佔市場的制高權。

這就是速度制勝的道理。當宏觀的決策和計畫都差不多的時候，行動的速度就成了拉開差距的方法。先人一步，搶佔先機，便能取得勝利的制高點；而猶豫不決，步履緩慢，則只會落人之後，成爲淘汰的對象。這是商業競爭的道理，也是我們做任何事情的道理。

6 拿出大將風度，學會原諒他人

在職場中，打交道最多的無非是同事，可想而知，我們每個人的大部分時間都是在和同事相處。面對同事這一特殊的群體，時間久了，難免會有摩擦甚或出現各種矛盾，這時，學會寬容就顯得特別重要。

同在一個單位裏共事，同事就像一個家庭中的兄弟姐妹，應該和和氣氣、團結一致。如果發生什麼不愉快的事，大家應開誠佈公地解決，而不應將他人視爲「敵人」，想盡辦法敵視他。每個人都會犯錯或者有點小脾氣，如果別人冒犯了你或者向你發脾氣，拿出大將風度，學會原諒他人，才是上上之策。

與同事打交道的時候，要設身處地爲同事著想，理解你的同事，即使同事做錯了事或者是說錯了話，你也要一如既往地與對方友好相處。要與人爲善，持寬容態度，謙虛誠懇，真心待人，以此來贏得大家的信任、尊重和友誼。

7 創造與上司相處的機會

在職場中，資深員工都會告誡「職場新鮮人」：要努力，更要會溝通。意思是說，與上司建立良好的關係並獲得賞識，工作起來就會比較順水順風。可有的人認爲與上司搞好關係是走旁門左道，只有拿出好的業績才是真本事。這種觀念值得商榷。

作爲員工，在部門裏唯一有資格對你進行綜合評判的，便是你的頂頭上司。你的業務能力再強、銷售業績再高，如果與上司之間缺少融洽的關係，甚至處於對峙狀態，上司便會老是挑你毛病，讓你無法安心工作。即使你像老黃牛一樣勤懇，也難以成爲上司的左膀右臂，你的工作評分恐怕也不會好到哪兒去！

要想成為上司的左膀右臂，就必須和上司全面地接觸，甚至學會創造各種各樣的機會。上司記住你，瞭解你的意見和想法，你才有可能收穫意外的驚喜。

因為自卑心和恐懼心理作祟，許多人並不願意跟上司有工作之外的更多相處，甚至怕別人看到說自己是在「拍馬屁」，善於鑽營。其實不然，持重的老闆都很願意給員工留下一個和藹可親的印象，他也希望員工對自己親近相隨、敬意有加。既然如此，何必矜持、拘謹無措呢？放下你的顧慮，多創造一些與上司單獨相處的機會吧，哪怕是你刻意設計的一次「偶遇」。

總之，與上司聯絡感情的機會很多，關鍵在於你願不願意爭取、抓住，每一個機會都可以加深你與領導的感情。

8 信念最終會讓你實現理想

所有成功的人，最初都是從一個信念開始的。你不需要花費很多的金錢或者代價來獲得它，需要的只是一顆細膩而堅定的心，它便會在不知不覺中慢慢地向你靠近，而你也會在它的引領下慢慢地向成功靠近。

當然，尋找信念的道路跟人生的道路一樣，並非一帆風順。無數人在經歷了很多的挫折後逐漸喪失信心，也喪失了去尋找人生信念的勇氣。也許你再多試幾次，就能找到正確的信念。如果你的努力就此打住，那麼你的人生也會就此打住，任憑時間的長河把你淹沒。

他從小就經常下地勞動，高中畢業後，他參軍離開了家鄉，不久被部隊派去德國。在那兒的一個軍人商店裏，他買到有生以來第一把吉他。他早有一個夢想——一個從父親買的收音機裏第一次聽到音樂時就產生的夢想：他想當個歌手。

有一次，他在教堂裏看了一個歌唱小組的演唱，他親眼目睹了落幕時觀眾紛紛要求歌手簽名的熱烈情景。這也是他希望得到的榮譽。於是，他決定好好練習唱歌，有朝一日讓觀眾也來請他簽名。

他開始自學彈吉他，並練習唱歌，他甚至自己創作了一些歌曲。服役期滿後，他想要努力工作以實現當一名歌手的夙願，可他沒能馬上成功，沒人請他唱歌，就連電臺廣播員的職位也沒能得到。他只得靠挨家挨戶推銷各種生活用品維持生計，不過他還是堅持練唱。他組織了一個小型的樂隊在各個教堂、小鎮上巡迴演出，為歌迷們演唱。

最後，他灌製的一張唱片奠定了他音樂工作的基礎。吸引了兩萬名以上的歌迷，金錢、榮譽、在全國電視螢幕上露面——所有這一切都屬於他了。他對自己堅信不疑，這使他獲得了成功。他的名字叫強尼．卡什。

然而，卡什又接著經受了第二次考驗。經過幾年的巡迴演出，他被那些狂熱的歌迷拖垮了，晚上必須服安眠藥才能入睡，而且還要吃些「興奮劑」來維持第二天的精神狀態。漸漸地，他開始沾染上惡習——酗酒，服用鎮靜劑和安非他命。他對這些藥物的欲求非常強烈。他漸漸失去了觀眾，也不再獲獎。他的朋友試著幫助他，但他根本聽不進去，惡習日漸嚴重，以致對自己失去了控制能力。

那段時間，他不是出現在舞臺上，而是更多地出現在監獄裏。到了一九六七年，他每天必須吃一百多片藥片。一天早晨，當他從喬治亞州的一所監獄刑滿出獄時，監獄長對他說：「強尼，我今天要把你的錢和麻醉藥都還給你，因為你比別人更明白你能充分自由地選擇自己想幹的事。看，這就是你的錢和藥片，現在就把這些藥片扔掉吧，否則，你就去麻醉自己、毀滅自己，你選擇吧！」

卡什選擇了生活。他又一次對自己的能力作了肯定，深信自己能再次成功。他回到了納什維利，並找到他的私人醫生。醫生不相信他，認為他很難改掉服用麻醉藥的壞毛病，醫生告訴他：「戒毒癮比找上帝還難。」

卡什開始了他的第二次奮鬥。他把自己鎖在臥室閉門不出，一心一意要根絕毒癮，為此，他忍受了巨大的痛苦，經常做噩夢。後來在回憶這段往事時，他說，他總是昏昏沉沉，好像身體裏有許多玻璃球在膨脹，突然一聲爆響，只覺得全身佈滿了玻璃碎片。當時擺在他面前的，一邊是麻醉藥的引誘，另一邊是他奮鬥目標的召喚，結果他的信念占了上風。

九個星期以後，他又恢復到了原來的樣子，睡覺也不再做噩夢了。於是，他開始努力實現自己的計畫。幾個月後，他重返舞臺，再次引吭高歌。他不停息地奮鬥，終於又一次成為超級歌星。

卡什的故事，告訴了我們一個讓自己失敗的信念：「每當你遭受挫折時便放棄它！不要再去努力了。我敢擔保你如果這樣做絕不會勝利。」也告訴了我們一個保證自己會成功的信念：「每當你失敗時，再去嘗試，原諒自己的過失。」

莫泊桑十三歲那年，考入里昂中學，他的老師布耶是當時著名的巴那斯派詩人。布耶發現莫泊桑頗有文學才能，就把他介紹給了福樓拜。

福樓拜是世界聞名的作家，當時在法國享有崇高的聲譽。他看了莫泊桑的作品，對他說：「孩子，我不知道你有沒有才氣。你帶給我的東西表明你有某些聰明，但是，你永遠不要忘記，照布封（法國作家）的說法，才氣就是堅持不懈，你得好好努力呀！」

莫泊桑點點頭，把福樓拜的話牢牢記在了心裏。

福樓拜想考一考莫泊桑的觀察能力和語言功底。一天，福樓拜帶莫泊桑去看一家雜貨鋪，回來後要莫泊桑寫一篇文章，要求所寫的貨商必須是雜貨鋪的那個貨商，所寫的事物只能用一個名詞來稱呼，只能用一個動詞來表達，只能用一個形容詞來描繪，並且所用的詞要是別人沒有用過甚至是還沒有被人發現的。

多苛刻的要求啊！但莫泊桑理解福樓拜的良苦用心，他寫了改，改了寫，反反覆覆，努力朝福樓拜提出的要求奮鬥著。

在福樓拜的嚴格要求下，莫泊桑的學業進步飛快。後來，他開始寫劇本和小說，寫完就請福樓拜指點，福樓拜總是能指出一大堆缺點。莫泊桑修改後想要寄出發表，但是福樓拜仍不同意，並且告訴他，不成熟的作品不要寄到刊物去發表。

剛開始，莫泊桑對福樓拜唯命是從，只要老師不點頭，他就把文稿放在櫃子裏。慢慢地，文稿竟積累到了一人多高。這時，莫泊桑開始懷疑：福樓拜是不是在有心壓制自己？

一天，莫泊桑悶悶不樂，到果園去散心。他走到一棵小蘋果樹跟前，只見樹上結滿了果子，嫩嫩的枝條被壓得垂到地面；再看看兩旁的大蘋果樹，樹上雖然也果實累累，但枝條卻硬朗朗地支撐著。這給了他一個啟示：一個人，在「枝幹」未硬之前，不宜過早地「開花結果」，「根深葉茂」後，是不愁結不出豐碩「果實」的。從此，他更加虛心地向福樓拜學習，決心使自己「根深葉茂」起來。

一八八〇年，莫泊桑已經到了「而立之年」。一天，他拿著小說《羊脂球》向福樓拜請教。福樓拜看後拍案叫絕，要他立即寄往刊物上發表。

果然，《羊脂球》一面世，立即轟動了法國文壇，莫泊桑頓時成為法國文學界的新聞人物，同時，他也登上了世界文壇的高峰。

莫泊桑不怕福樓拜的苛求，一遍又一遍地修改自己的作品，終於讓他的作品成爲傳世佳作。持之以恆，是很多成功者的秘密。偶爾做好一件事並不難，但持久地爲一個理想、一種信念而做出不懈的努力，卻是大多數人所欠缺的「本領」。

星期四

信念是突破逆境的力量

一周眼看又要過去，一切似乎都是暗淡無光，

眼前的問題也沒有什麼好的解決辦法……

此時，你該怎樣做呢？

難道你要無所作為，聽任困難壓倒你嗎？

每種逆境都含有等量收益的種子，只要心存信念，

勇敢地站起來，沒準就會有奇蹟發生！

1 困中求變，堅持到最後

美國作家歐・亨利在他的小說《最後一片葉子》裏講了個故事：病房裏，一個生命垂危的病人從房間裏看見窗外的一棵樹，在秋風中，樹葉一片片地掉落下來。病人望著眼前的蕭蕭落葉，身體也隨之每況愈下，一天不如一天。她說：「當樹葉全部掉光時，我也就要死了。」一位老畫家得知後，用彩筆畫了一片葉脈青翠的樹葉掛在樹枝上，最後一片葉子始終沒掉下來。只因爲生命中的這片綠，病人竟奇蹟般地活了下來。

也許，我們的人生旅途上沼澤遍佈、荆棘叢生；也許，我們追求的風景總是山重水複，不見柳暗花明；也許，我們虔誠的信念會被世俗的塵霧纏繞，而不能自由翺翔……那麼，我們爲什麼不以勇敢者的氣魄，堅定而自信地對自己說一聲「再試一次」？再試一次，你就有可能達到成功的彼岸！

羅爾夫・斯克尼迪爾是享譽全球的製錶集團公司的總裁。當人們問他最自豪的理念是什麼時，他回答道：「永不低頭，做『失敗』的頭號敵人。」

成功者之所以能成功，是因爲他永遠踏著比別人更不屈不撓的步伐，失敗、跌倒對他來說只是尋常小事。也正因爲如此，羅爾夫・斯克尼迪爾說：「我是『失敗』的頭號敵人，因爲我從不輕易放棄任何一個機會，所以也絕不會被失敗打倒。」

2 壓力是不可缺少的清醒劑

任何人都要接受壓力的挑戰，適當的壓力是不可缺少的清醒劑。它讓你不畏懼困難，懂得思考如何進入新的局面、如何打破舊的格局，甚至讓你萌發自信和勇氣，這些都是幫助你將來獲得幸福的先決條件。

著名的凱撒從一個沒落貴族榮升到羅馬最高統帥，建立起龐大的帝國，每個時期他都肩負著沉重壓力。

凱撒十九歲時，家族權威人士從集團利益出發，要求他放棄原來的婚約，與當權派人家的女兒攀親，甚至不惜使出各種手段進行脅迫。面對壓頂的阻力，凱撒毫不退縮，堅持自己的主張，甘願讓個人財產和妻子的嫁妝被沒收，並上演了一場逃婚的劇碼，為自己贏得信守諾言的美譽，這也是後來將士們願意追隨他的重要原因。

當凱撒擺脫第一個巨大壓力後，他又用了足足三十八年的時間，一步步從軍營、戰場走向政壇，在這過程中，他時刻都要對抗難以計數的壓力。在與壓力抗衡的過程中，凱撒沒有浪費時間去煩惱，而是把沉重的壓力變成動力，他不斷挖掘自己的各種優勢，包括發揮他的軍事才能，並用他英俊的容貌、機智的談吐以及堅毅鎮定的心志贏得大家的重視，最終徹底掃除了擱在成功前面的障礙。

美國首任總統華盛頓說：「一切和諧與平衡、健康與健美、成功與幸福，都是由樂觀與希望的向上心理產生的。」不因壓力而放棄既定的目標，這是凱撒取得輝煌成績的原因之一。

明知道壓力不可能消失，整天妄想沒有壓力的生活無疑是給自己內心添愁。

遭遇壓力時，最聰明的做法就是趕緊跳出來，分析自己的壓力來源，思考如何將它轉變成有效的動力。

壓力太大，容易讓人一蹶不振；壓力太小，則容易讓人滋生惰性。適度的壓力，不僅能讓人保持清醒和活力，還能讓人產生自我認同的心理。

拿拳擊比賽來說，有經驗的教練都會幫選手挑選實力差不多、剛好可以刺激選手鬥志的陪練進行訓練，讓選手可以在每一次比試中慢慢地進步。因爲有外來的刺激，選手們不會有停滯不前的困惑，也不會盲目自信，如此，他們才能不斷克服壓力，逐漸提升自己的實力。

既然壓力人人都有，無法完全消除，那麼，我們不妨利用壓力來改變自己的生活，創造出一個自己想要的結果。詩人歌德說：「大自然把人們困在黑暗中，迫使人們永遠嚮往光明。」

二十世紀最偉大的喜劇演員卓別林出生於演員世家，父母因感情不和而離異。當卓別林身體虛弱的母親在一次演唱時遭到觀眾喝倒彩，即將失去她唯一的經濟來源時，小卓別林意外地被帶到臺上代替母親繼續演出。沒想到的是，卓別林雖然是初次表演，卻十分冷靜，他故意裝出和母親一樣的沙啞歌喉來演唱，最後竟意外得到觀眾的認可，贏得了熱烈的掌聲。雖然這種壓力來得很突然，但卓別林卻能及時解除，這次表演無疑是他成功的第一個信號。

拿破崙曾說：「最困難之時，就是離成功不遠之日。」從那以後，儘管生活還是無比艱難，但卓別林卻感受到自己在舞臺上的魅力。他忘記了那些貧苦、抱怨，認真學習表演的技巧。

一九二五年，卓別林完成了描寫十九世紀末美國發生的淘金狂潮長片《淘金記》，奠定了他在藝術界的地位。但是壓力並沒有因為成功的到來而卻步。由於有聲電影興起，逐漸取代傳統的默片，卓別林的日子又逐漸變得非常難熬，不僅要面對事業的沒落，承受母親去世的悲傷，還有和妻子沸沸揚揚的離婚案，以及電影《城市之光》的停停拍拍及放映權的談判……重重壓力讓一貫以喜劇角色出現在世人面前的卓別林彷彿蒼老了二十歲，一縷縷白髮悄悄滲出。

當卓別林有一天突然意識到自己的頹喪於事無補時，他決定放下壓力，橫渡大西洋展開一次歐亞之旅，既是散心，又可以趁機為新片做宣傳和吸收新知。

卓別林用了很長一段時間才讓自己在壓力中恢復工作激情，最後，他終於重拾風采，帶著不朽之作《摩登時代》出現在人們前面，獲得了巨大的成功。

每個人在每個時期都會碰到壓力。壓力來臨的時候，我們千萬不要退縮、迴避，而是應該認真地接受它，找到改善的方法，把由情緒所產生的不必要壓力統統釋放出來！

用勇氣和智慧去正視壓力，壓力就會變小，事態也會漸漸朝好的方向變換，這就是眼前的大成功。

3 危機中找到機會

遭遇逆境未必不是好事，危險總是孕育著機會，黎明前總是太黑。當你身處逆境，換個角度去思考，說不定就能發現暗藏在其中的機遇，正所謂禍福相依，沒有絕對的好事，也沒有絕對的壞事。機會不僅留給有準備的人，也留給那些能在危機中看到機遇、善於開動腦筋的人。面對生活中的逆境，不一味抱怨，肯用心留意，便時時皆機遇、處處有財富。

古埃及法老有一次舉行盛大的國宴，廚工在廚房裏忙得不可開交。一名小廚工不慎將一盆羊油打翻了，嚇得他急忙用手把混有羊油的炭灰捧起來往外扔。

扔完後去洗手，他發現手滑溜溜的，特別乾淨。小廚工發現這個秘密後，悄悄地把扔掉的炭灰撿了回來，供大家使用。後來，法老發現廚工們的手和臉都很潔白乾淨，便好奇地詢問原因。小廚工把自己的事情告訴了法老，法老試了試，效果非常好。

很快，這個發現便在全國推廣開來，並且傳到希臘、羅馬。沒多久，有人根據這個原理研製出了流行全世界的肥皂。

誰都不願意失敗，因爲失敗意味著以前的努力將付諸東流，意味著一次機會的喪失。不過，一生平順、從未遭遇失敗的人少之又少。所有人都存在談敗色變的心理，但從另一個角度來看，失敗其實是一種必要的過程，也是一種必要的投資。數學家習慣稱失敗爲「或然率」，科學家則稱之爲「實驗」，如果沒有前面一次又一次的「失敗」，哪裏有後面所謂的「成功」？

全世界著名的快遞公司DHL創辦人之一的李奇先生，對曾經有過失敗經歷的員工情有獨鍾。李奇每次面試即將走進公司的人時，必定會先問對方過去是否有失敗的經歷。如果對方回答「不曾失敗過」，李奇會直覺認為對方不是在說謊，就是不願意冒險嘗試挑戰。

李奇說：「失敗是人之常情，而且我深信它是成功的一部分，有很多的成功都是由於失敗的累積而產生的。」李奇深信，人不犯點錯，就永遠不會有機會，從錯誤中學到的東西遠比在成功中學到的多得多。

另一家被譽為全美最有革新精神的3M公司，也非常贊成並鼓勵員工冒險，只要有任何新的創意都可以嘗試，即使嘗試的結果是失敗的。儘管每次失敗的機率高達百分之六十，但3M公司仍視此為員工不斷嘗試與學習的最佳機會。

3M堅持的理由很簡單，失敗可以幫助人再思考、再判斷與重新修正計畫，而且經驗顯示，通常重新檢討過的意見會比原來的更好。

美國人做過一個有趣的調查，發現所有企業家平均有三次破產的記錄。即使是世界頂尖的一流運動員，失敗的次數也毫不比成功的次數「遜色」。例如，著名的全壘打王貝比路斯，同時也是被三振最多的紀錄保持人。

失敗並不可恥，不失敗才是反常，重要的是面對失敗的態度，是能反敗爲勝，還是就此一蹶不振。傑出的企業領導者絕不會因爲失敗而懷憂喪志，而是回過頭來分析、檢討、改正，並從中發掘重生的契機。

失敗，是走上更高地位的開始。許多人之所以能獲得最後的勝利，就是受惠於他們的屢敗屢戰。沒有遇見過大失敗的人，有時反而不知道什麼是大勝利。若能把失敗當成人生必修的功課，你會發現，大部分的失敗都會給你帶來一些意想不到的好處！

4 再苦也要學會笑

毫無疑問地，幾乎所有人都喜歡看到面帶笑容的臉龐，大家都希望看到的是一個散播快樂的人，臉上始終掛著發自內心的美好微笑。

因此，如果一個已經陷入困境的人，仍不用心控制和調整自己的精神及面貌，還肆意地把愁苦暴露出來，那麼，他除了能獲取一些旁人的可憐、同情，或者幸災樂禍的嘲笑外，更多的恐怕是慌忙的躲避。

可見，讓自己開朗起來，用樂觀和平靜去對付各種磨難，除了可以保持自己的格調外，還能贏得更多人的尊敬和關注，同時也能贏得改善生活的機會。

美國總統雷根是一個讓人印象深刻的傑出人物。和所有出身低微、貧苦的普通孩子一樣，他的生活充滿了酸澀。但儘管家庭條件異常窘迫，樂天派的他卻毫不自卑，遇到任何人、任何事他都是一臉微笑。

雷根小時候曾被父母鎖在堆著馬糞的房間裏，讓人吃驚的是，當家人以為他會大哭大鬧的時候，他卻拿起一把鏟子準備移動那些糞便。面對父母詫異的目光，他興奮地說：「這裏這麼多馬糞，我想，在這附近一定有一隻小馬！」所有人都被他獨特的想像和超凡的樂觀感染，忍不住笑出聲來。

正是因為具備這種可貴的特質，所以當困苦和艱難來臨的時候，雷根沒有皺眉憤怒，而是努力地順應變化——他去球場賣爆米花，去建築工地做臨時工，做公園的業餘救生員，在學校餐廳刷盤子……凡是可以獨立完成的工作，他都樂意去接受。而他所有的付出，都是為了減輕家庭的負擔，為將來創造機會。

風雨坎坷，雷根的人生逐漸呈現出一片絢爛。在從政之前，他做過許多職業，不僅是一名出色的體育播音員，還曾是一個作品頗多的專業演員（廿九年間拍攝了五十一部電影）。在雷根六十九歲這年，他成為了美國歷史上年齡最大的總統，同時，他也是第二次世界大戰結束後第一位任滿兩屆的美國總統，他終於實現了自己出人頭地的願望。

雷根很聰明，他用他的自信和快樂——一種始終沒有被貧困生活所擊敗，也沒有被富貴的氣勢所壓抑的自信和快樂，打動了整個世界，讓生命的奇蹟一次次在銀幕之外真實發生。

現實生活中，命運常常會突然偏離既定的軌道，讓人措手不及。但是，唯有熱情、樂觀的心是絕對不能和那些外在物質一起失去的！

桑德斯上校是肯德基炸雞的創始人，而在他創業的歷程中，他也是用明朗的笑聲和平和的態度迎接機會，並且取得成功的。

退休後，桑德斯的經濟狀況一度極為糟糕，除了一張只有一百零五美元的救濟金支票外，他可以說是一無所有。這個時候，他意識到如果不儘快找到出路，他接下來面對的就是等待死亡。於是，他開始思考自己能夠挖掘的資源。

突然，他想到了一份母親留下的炸雞秘方，他開始一家餐廳一家餐廳地詢問，希望能夠以秘方入股，分取一定的報酬。然而，很多人都拒絕了他，有的甚至當面嘲笑他。

面對打擊和嘲弄，桑德斯上校絲毫沒有氣餒，他一邊修正自己的說辭，一邊用心找出能把炸雞做得更美味的方法，以便有機會說服下一家餐館。終於，在兩年時間裏，被整整拒絕了一千零九次之後，桑德斯的提議被一家餐館老闆接受了。

多年過去了，這個始終微笑的老爺爺所創建的肯德基，已成為世界著名的速食連鎖企業，不斷收穫著財富和榮譽。

可以想像，要是桑德斯上校面帶愁容地去向人介紹秘方，誰會接受這個對自己都失去信心的老人的提議呢？要是他沒有用這張可愛的笑臉去開路，我們又怎麼能在大街上看到一家家肯德基店鋪呢？

笑是一顆種子，讓你在等待中收穫甜美的果實！笑是一個友好的信號，讓那些好事、機會源源不斷地進入你的生活！

請檢查一下自己的情緒倉庫，當你每天帶著它出門時，你究竟露出了什麼樣的表情？給自己和別人什麼樣的感受？請不要吝惜你的笑容，開朗地笑吧。

5 在忍耐中改變自己

很多時候，一件事，一個人，就能令我們長時間地煩惱，抱怨也就隨之而來，情況則會變得更加糟糕。我們之所以抱怨，是因爲不滿，而不滿多半是因爲對別人的苛求。

我們抱怨別人身上的某些缺點，甚至難以忍受，都是因爲我們想改變別人，但這並不可能。與其在抱怨中製造壞情緒，不如試著去改變自己，也許局勢會朝著有利於你的方向發展。

簡訶畢業於英國的劍橋大學，又在德國的弗萊堡大學拿到了碩士學位，是位礦冶工程師。他滿懷信心地去找美國西部的大礦主路易斯應聘，卻遇到了麻煩。

路易斯是個脾氣古怪又很固執的人，他自己沒有文憑，也不相信那些文質彬彬又專愛講理論的工程師。簡訶遞上自己引以為傲的文憑，滿以為老闆會對他另眼相看，路易斯卻很不禮貌地對簡訶說：「對不起，我可不需要什麼文縐縐的工程師，你的腦子裏裝滿了一大堆沒有用的理論。」

簡訶聽了他的話，沒有生氣地扭頭走人，而是故作神秘地說：「假如你答應不告訴我的父親，我要告訴你一個秘密。」

路易斯表示同意，於是簡訶對路易斯小聲說：「其實我在德國的弗萊堡並沒有學到什麼，那三年就是混日子。我之所以在那待到畢業，完全是因為我的父親，他身體不太好，我不想惹他不高興。」

路易斯聽了讚許地點點頭說：「好，那你明天就來上班吧。」

相信大多數人在遇到路易斯這樣一位頑固不化的老闆時，會憤憤地甩手走人，並且向其他人抱怨自己遇到一個多麼可笑和固執的老闆。簡訶卻沒有這麼做，他沒有抱怨，而是隨機應變，迎合他的觀點，最終得到了這份工作。

抱怨縱然能解一時怒氣，但是並不能解決問題，更不能讓我們成為最後的贏家。所以，為了更長遠的利益，抱怨別人不如改變自己。

6 在低谷的寂寞中成長

成功的路上充滿艱辛，坎坷、無奈、寂寞、孤獨常常伴隨在身邊。在追求的過程中，當寂寞成為一種切身的感受、生活的狀態時，成功看似遙遙無期，其實它正悄悄到來。耐得住寂寞，就是在守候成功。

有一個普通的女孩，她的夢想是站在舞臺上唱歌。雖然這個女孩子並不漂亮，但這並不妨礙她追求自己的夢想。

但是有一天，她的夢想受到了打擊。在一名著名音樂人的製作室裏，一盆冷水向她潑了過來：「你的嗓音和你的相貌同樣不漂亮，我看你很難在歌壇有所發展。」

聽了這話以後，女孩並沒有選擇離開，反而默默地留了下來。夢想那麼遠，成功那麼遠，她能做的只有把握好現在。

她端茶倒水、製作演出時間表、替歌手拿演出服裝……別人問她為什麼，她嚴肅地說：「不為什麼，這裏是離我的夢想最近的地方。」

終於有一天，她微笑著站上了自己的舞臺，用並不驚豔但十分溫暖的嗓音感動了在場所有的人。她就是劉若英。在成為歌手之前，她忍受著巨大的寂寞和無助，但她從來都沒有放棄過自己的夢想。

成功從來都伴隨著痛苦和寂寞。寂寞，是成長所必須承受的「痛」。成功之前，只有你一個人在躑躅前行，沒有鮮花，沒有掌聲，沒有讚美，得到的只有嘲笑和打擊，沒有人會把目光留在你身上。在成功到來之前，你需要一天天在冷清中度日，而且還得繼續前行。然而，有人將這份寂寞當成了一種儲蓄，以積少成多的投入換取更豐盛的財富，積存在生命的倉庫中。

一位美國心理學家曾經做過這樣一個實驗，並長期跟蹤了下去。心理學家給一些四歲的小孩子每人一顆非常好吃的軟糖，同時告訴孩子們，如果馬上吃，只能吃一顆；如果等二十分鐘，則能吃兩顆。面對糖果的誘惑，有些孩子急不可待，馬上就把糖給吃掉了；另一些孩子卻選擇了等待對他們來說是無限漫長的二十分鐘。為了使自己耐住性子，他們閉上眼睛不看糖，或頭枕雙臂、自言自語、唱歌，有的甚至睡著了。最後，他們終於吃到了兩顆糖。

當這些孩子上中學時，就表現出某些明顯的差異。那些在四歲時能以堅忍換得第二顆軟糖的孩子往往能成為適應性較強、冒險精神較強、比較受人喜歡、自信、獨立的少年；而那些經不起軟糖誘惑的孩子則更可能成為孤僻、易受挫、固執的少年，他們很容易屈從於壓力並逃避挑戰。

研究人員在十幾年以後再考察那些孩子的表現後發現，那些能夠為獲得更多的軟糖而等待得更久的孩子，要比那些缺乏耐心的孩子更容易獲得成功，他們的學習成績要相對好一些。在後來幾十年的跟蹤觀察中，有耐心的孩子在事業上的表現也較為出色。

在這個試驗中，糖果是一種誘惑；在追求成功的過程中，學會寂寞就是在拒絕誘惑。當對夢想的渴望更強烈、對成功的目標更堅定時，忍受得了寂寞，就是在走向成功。過早地吃到自己的糖果，過早地屈服於誘惑，只會讓自己離成功更遠。

時間最能考驗人的意志，困難最能磨練人的意志。在追求事業的過程中，寂寞在所難免，困難和挫折也在所難免。面對這一切，堅守和執著進取的意義顯得尤爲突出。許多大事之成，不在於力量的大小，而在於堅持了多久。

有時候，成功者和失敗者的主要區別就在於能否耐得住寂寞。

7 咀嚼生命中的每一分鐘

愛是人類最偉大的情感。愛是所有生命體所共同具有的東西，不管是人類還是動物，愛的力量無處不在。正所謂大愛無疆，愛是沒有邊界的，愛的力量一旦爆發，便如奔騰江河一般無可阻擋。愛是一種信念，擁有了愛的信念，便能驅散人生的黑暗，幸福之花也自然會燦爛地綻放。

約翰．納什是個數學天才，但是卻患有嚴重的妄想精神分裂症。幾年後，為了孩子的安全，納什的妻子艾麗西亞與他離婚了，但這位堅強的女性並未因此而放棄納什。

一九七〇年，已經與納什離婚的艾麗西亞因為不願看到他又被強制送進精神病院，提出願意收留他住在自己家裏。她知道精神分裂症的痊癒率很低，卻依然對納什不離不棄，她堅信愛一定能夠喚醒沉睡在另一個世界中的納什。離婚後，她沒有再婚，靠著自己作為電腦程式師的微薄收入和親友的幫助，繼續照料著納什和他們唯一的兒子。

在隨後的幾十年中，納什的病情一直反反覆覆，但艾麗西亞一直沒有放棄他，她甚至承受他們唯一的兒子也患上精神分裂症的打擊，想盡一切辦法，鼓勵納什與病魔抗爭，而納什自己也從未放棄。

讓人欣慰的是，這位天才即使在患病的艱難時期，也依然保持著對數學的熱情和追求。憑藉著意志和信念的堅強力量，他取得了驚人的成績：完成了關於經濟和生物演變的論文、科學政治理論和數學發現。

二〇〇一年，經過了數十年風風雨雨的納什與艾麗西亞終於重婚了。其實，這只是個形式，因為在過去漫長的歲月中，艾麗西亞從未真正地離開過納什，她的心一直都是屬於納什的。這個偉大的女人用一生來和命運博弈，最終，她贏了。艾麗西亞對納什來說，是上帝派來拯救他的天使，是他生命中的無價之寶，她是這個世界上他最愛的女人，而她也是這個世界上最愛他的人。

後來，納什站在諾貝爾獎的領獎臺上動情地說：「任何邏輯的理由只存在於神秘的愛的方程式裏，我站在這裏全是你的功勞，你是我成功的唯一因素，謝謝你。」

確實，正是這種愛的信念力最終幫助納什戰勝心魔，創造了生命的奇蹟。懷有愛的信念，奇蹟便無處不在。

一九八九年發生在美國洛杉磯一帶的大地震，在不到四分鐘的時間裏，就使三十萬人受到了傷害。在一片混亂和廢墟中，有一個年輕的父親，他安頓好受傷的妻子之後，就衝向他十四歲的兒子上學的學校。但是，昔日呈現在他眼前的三層教學樓，早已變成一片廢墟。他放聲大喊：「艾曼達，我的兒子！你在哪裏？」聽不到任何回答聲，他就在廢墟上挖了起來。

這時，救火隊長走上來攔住他：「太危險了，這裏隨時可能起火爆炸，請你馬上離開。」警察也過來勸他說：「我知道你很難過，難以控制自己，可這樣做不僅不利於你自己，對他人也有危險，趕快回家去吧。」其他趕來營救的父親們聽到後，都搖頭歎息著走開了，可是這位年輕的父親心中卻只有一個念頭：「兒子正在等待著我去營救。」

他奮不顧身地挖了十二個小時，似乎忘記了世間的一切。雖然沒有人再來阻攔他，卻也沒發現任何生命的跡象。他滿臉灰塵，雙眼佈滿血絲，渾身上下破爛不堪，到處都是血跡。一直挖到第三十八個小時，他突然聽到底下傳來自己孩子的聲音：「爸爸，是你嗎？」

這位父親頓時氣力倍增，高興的回答：「是我，是你的爸爸，艾曼達，我的兒子！」

「我告訴同學們不要害怕，只要我爸爸還活著，就一定會來救我，也一定可以救出大家。因為你曾經對我說過，不論發生什麼事，你總會和我在一起！」

「你現在怎麼樣？還有幾個孩子活著？」

「我們這裏有十四個同學，都活著，我們躲在教室的牆角處，房頂塌下來架了個大三角形，我們都沒有被砸到。」

這位父親馬上向四周呼喊：「這裏有十四個孩子都活著，快來人啦！」

過路的人們聽到後紛紛前來幫忙。五十分鐘後，一個安全的小出口被開闢了出來。父親顫抖地說著：「艾曼達，出來吧。」

「不，爸爸，先讓別的同學出去吧！我知道你會跟我在一起。」

正是這種父子之間愛的信念，使得這十四個孩子在三十八個小時中堅持了下來。這便是信念的力量，是愛的奇蹟。

每個人的人生都會遭遇黑暗的時刻，在人生的黑夜裏，在生命的低谷中，保有愛的信念，便能幫你驅散黑暗，迎來光明。

人生最大的成功就是對生命和愛的追求。生命是一個過程，生命的意義就在於追求，要學會咀嚼生命中的每一分鐘，完整而不斷地追求自己所追求的東西。

8 低頭才能出頭

假如你和對手或上司發生了衝突，論力量，你是雞蛋，而對方是石頭，你怎麼辦？是頭腦簡單地以卵擊石，還是避其鋒芒，等自己也變成石頭，變成比對方更大的石頭再有所圖謀？選擇前者還是後者，就可以從中看出你是辦大事的人還是辦不成大事的人。

試想，爲爭一時之氣而拚個你死我活，於己於事又有何益呢？泰山壓頂，先彎一下腰又何妨？折斷了就永遠斷了，而彎一下腰還有挺起來的機會。

明太祖朱元璋在位時，有一位吏部科給事中名叫王樸，曾因犯顏直諫龍顏而被罷官，不久又被起用做御史。在朝廷之上，他多次與皇帝爭辯是非，不肯屈服。

一日，王樸為一事與明太祖爭辯得很厲害。太祖一時非常惱怒，命令殺了他。

臨刑前走到街上，太祖又把他召了回來，問：「你改變自己的主意了嗎？」

王樸回答說：「陛下不認為我是無用之人，提拔我擔任御史，奈何摧殘污辱到這個地步？假如我沒有罪，怎麼能殺我？有罪何必又讓我活下去？我今天只求速死！」朱元璋大怒，催促左右立即執行死刑。

王樸不懂得「彎」與「折」的辯證法，尤其在一言九鼎的皇帝面前不懂折中，以致毫無價值地送了自己的性命。

立世爲人，心可高，但氣不能傲。倘若總是盛氣凌人，便容易惹火燒身。真正聰明的人，就算骨子裏再傲，也能夠做到外表謙和、敬人如師。只有這樣，做人做事才會少一些羈絆，多一些順暢。

我們常說，人往高處走，水往低處流，人生總是向上的，這是人們的認識，更是眾生的普遍心理。然而事實上，就是這個「人往高處走」的理念毀了許多人。客觀地講，人生一世，不可能總往高處走，沉浮起落，坎坷挫折，走下坡路的時候很多。

有錢人變為窮人，局長降為處長，老闆變成工人，昨天的名人淪為今天的無名鼠輩……諸事不如前的現象很多人都經歷過。每當這時，往日的標準就會被大打折扣。由此看來，人生不可能總是守在一個高標準上。高標準本身就是一種完美主義的化身，其中包含著對周圍事物的苛求和對自己的苛求，結果是自己累垮了，周圍人也受不了。

更何況，人生總有不順的時候，諸如單位不景氣，事業陷入困境，家庭遭受變故……跟隨而來的便是內在和外界的標準一同降低。如果這時還保持一種高標準的心理期待，還是一味地「人往高處走」，就會遭遇打擊，飽嘗痛苦，陷入煩惱的境地。這時，降低標準是唯一正確的人生選擇。尤其在當今這個充滿競爭的社會，「高標準」往往是靠不住的，極易被動搖，學會降低標準，反而成了人們解決人生難題的一把鑰匙。

這裏所說的降低標準，並不是要你退縮，更不是要你消極，而是一種心理調理和應對。「人生是不確定的」，外在的事物總在不斷地變化，好與壞、順與不順定會接踵而來。不管是在心理上還是在客觀上，過高的標準都會使人時時處處面臨著一種高度的威脅，有時甚至會使人變得灰心喪氣，索性「破罐子破摔」。

一味地高標準，不但會傷害自己，也會傷害別人。現實社會中，許多人之所以不適應新的環境，之所以會痛苦煩惱，就是因爲守著一個高標準不放。他們認爲自己只能上升，不能下降。

在人生的許多大逆轉中，一些人之所以敗下陣來，甚至從此被打敗，都是因爲不肯降低標準；而那些就此降低標準、降下身分的人，很快又會重新快樂起來。

降低標準是人生的一種快樂良方，只是這種快樂良方並不是每個人都能領悟得到的。但縱觀我們的一生，不管你是主動的還是被動的，降低標準都是隨時存在的。降低自己的身分，降低自己的名譽，降低自己的頭銜……正像佛家所說的「放下」二字。我們是否能夠放下，同樣需要英雄般的氣概。

許多偉人，許多大人物，都不是一味守著高標準不放的人，他們能在降低標準中完善自己，從頭再來。爲了能夠活得好一些，並時時快樂著，降低標準有時是我們最明智的選擇。

星期五

用信念「刷新」自我

你不妨留意一下，這一天裡你完成的工作，

在數量、品質上是否比平時都要高？

一些在平時看來有些頭痛、棘手的事情，

在這一天裡卻比較容易搞定——「刷新」信念之後的你，

在這一天會有意想不到的收穫。

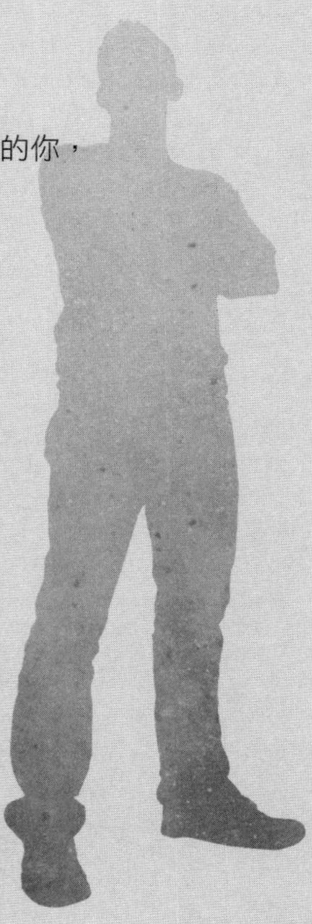

自己永遠是自己最大的敵人

出生於阿拉巴馬州北部一個叫塔斯喀姆比亞的城鎮。在她一歲半的時候，一場重病奪去了她的視力和聽力，接著，她又喪失了語言表達能力。雖然身處這黑暗而又寂寞的世界，但她並沒有就此沉淪，放棄自己的人生。

海倫靠手指來觀察老師莎莉文小姐的嘴唇，用觸覺來領會她喉嚨的顫動、嘴的運動和面部表情，以此來學習讀書和說話。但是這往往是不準確的。所以，為了使自己能夠發好一個詞或句子，海倫總是反覆地練習，她從不在失敗面前屈服。

海倫廿一歲的時候考入了拉德克利夫學院。在大學學習時，許多教材都沒有盲人專用的課本，要靠別人把書的內容拼寫在她手上，因此她在預習功課上花的時間要比別的同學多得多。當別的同學在外面嬉戲、唱歌的時候，她卻在努力備課。

海倫用頑強的毅力克服了生理缺陷所造成的精神痛苦。她熱愛生活，會騎馬、滑雪、下棋，還喜歡戲劇演出，喜愛參觀博物館和名勝古蹟，並從中得到知識。

她廿一歲時，和老師合作發表了她的處女作《我生活的故事》。在以後的六十多年中，她共寫下了十四部著作，成為一個學識淵博，掌握英、法、德、拉丁、希臘五種文字的著名作家和教育家。

她走遍美國和世界各地，為盲人學校募集資金，把自己的一生獻給盲人福利和教育事業。她的努力贏得了世界各國人民的讚揚，並得到了許多國家政府的嘉獎。

海倫的一生是個奇蹟。從一個近乎先天缺陷的孩子到一個創造奇蹟的偉人，幫助她成功的，肯定不會是身體方面的優勢。正是信念，一種頑強不屈、積極向上的生活信念，讓她最終創造了常人所不能創造的奇蹟。

2 站起來的力量

每個人心中都有自己的理想，但理想和現實卻往往存在著差距。理想不能一天達成，對理想的信念也並不等於偏執，只要從身邊的每一件小事做起，保有一顆廣闊的心和一份堅定執著的信念，即使你最後沒能實現自己最初的夢想，也會在人生的旅途中有所收穫，成就一番事業。

享譽全球的富翁皮爾．卡登的故事或許能給我們帶來很多的啓發。

皮爾從小的理想就是當一名出色的舞蹈演員，可是，因為家境貧寒，父母根本拿不出多餘的錢來送皮爾上舞蹈學校。皮爾的父母不得不將他送去一家縫紉店當學徒工，希望他能學一門手藝來幫家裏減輕點經濟負擔。

每天在縫紉店工作十多個小時的皮爾厭惡極了這份工作，不但因為繁重的工作所得的報酬還不夠他的生活費和學徒費，更重要的是，他覺得自己是在虛度光陰，為自己的理想無法實現而感到苦悶。他甚至認為，與其這樣痛苦地活著，還不如早早地結束生命。

絕望中的皮爾突然想起了他從小就崇拜的有著「芭蕾音樂之父」美譽的布德里，皮爾覺得只有布德里才能理解他這種有為藝術獻身精神的人。於是，他決定給布德里寫一封信，希望布德里能夠收下他這個學生。在信的最後，他寫道：如果布德里在一個星期內不回他的信，不肯收他這個學生，他便只好為藝術獻身，跳河自盡。

很快，年少輕狂的皮爾收到了布德里的回信。皮爾以為布德里會被他的執著打動，答應收下他這個學生，但是信中卻並沒有提收他做學生的事，只是講述了布德里自己的人生經歷。布德里告訴皮爾，他小時候很想當一名科學家，可是因為當時家境貧窮，父母無法送他上學，他只得跟一個街頭藝人過起賣唱的日子。最後他說，人生在世，現實與理想總是有一定的距離，人首先要選擇生存。只有好好地活下來，才能讓理想之星閃閃發光。一個連自己的生命都不珍惜的人，是不配談藝術的。

布德里的回信讓皮爾猛然驚醒。後來，皮爾努力學習縫紉技術，廿三歲那一年，他在巴黎開始了自己的時裝事業。很快，他便建立自己的公司和服裝品牌，也就是如今舉世聞名的皮爾．卡登公司。

由於皮爾一心投入服裝設計與經營，皮爾．卡登公司發展迅速，皮爾在廿八歲的那一年就擁有兩百名雇員。他的顧客中很多都是世界名人。如今，皮爾．卡登不僅擁有服裝業，還有鐘錶、眼鏡、化妝品等，皮爾．卡登不但成了令人矚目的億萬富翁，以他的名字命名的產品也遍及全球。

人生不可能不遇到風浪，理想不可能始終一路坦途，只要堅定自己的信念，在彷徨迷茫的時候用信念給自己力量，那麼，信念不倒，人就不會倒。只要信念還在，即使倒下也還有站起來的力量。

信念是支柱，就像人的骨頭一樣，能支撐著人站立行走。有信念的人會勇往直前，沒有信念的人則畏首畏尾。一個人只要信念不倒，那麼就沒有什麼能讓他倒下。信念的力量在於即使身處逆境，也能幫助你撐起前進的船帆；信念的魅力在於即使遇到險境，也能召喚你鼓起生活的勇氣；信念的偉大在於即使遭遇不幸，也能鞭策你保持崇高的心靈。

事實上，人生從來沒有真正的絕境。無論遭受多少艱辛，經歷多少苦難，只要一個人的心中還懷著一粒信念的種子，那麼總有一天，他能走出困境，讓生命重新開花結果。

3 過去的，就不要再想了

美國潛能大師安東尼．羅賓說過一句話：過去不等於未來！過去的一切就不要再想了，過去你是什麼樣的人已無關緊要，重要的是你現在想成爲什麼樣的人。

或許過去你是成功的，但這並不代表你未來還會成功；同樣，過去失敗了，也不代表你未來一定會失敗。因爲過去的成功或失敗只是代表過去，未來是靠現在決定的。現在幹什麼、選擇什麼，決定了你的未來是什麼！失敗的人不要氣餒，成功的人也不要驕傲，因爲那都不是最終結果，它只是人生道路上的一段小插曲而已。

生活中，能夠讓人記住的事情的確不少。不管你智商高還是低，記憶力如何，總有一些人和事會在你的腦海中留下印象，或美麗得令人感動，或悲哀得讓人傷感。此時，我們應學會告別過去，學會走過自己，學會遺忘。如果一味沉湎於過去，就容易迷失自己，找不到新的人生起點。

芸芸眾生，沒有人能一生春風得意、一帆風順、無波無瀾。「萬事如意」只不過是美好的祝福而已，在活生生的現實面前，它顯得如此蒼白無力。當遇上了無可逆轉的失敗與不幸的厄運時，我們是學會忘記，對之一笑而過，進而蓄勢待發，還是選擇愁眉深鎖、鬱鬱寡歡呢？答案顯然是前者。

4 尋找另一片沃土

如果你以相當大的精力長期從事一種事業，但仍舊看不到一點進步、一點成功的希望，那就不必浪費時間了，不要再無謂地消耗自己的力量，而應該去尋找另一片沃土。

信念是一種方向，需要恰當地選擇。假如你目標發生了問題，就應當馬上更換目標，這樣才能挖掘你自己。

人生實際上就是一個不斷選擇的過程，不同的選擇會使人生軌跡發生不同的變化。生活在五彩繽紛、充滿誘惑的世界上，我們渴求的東西太多太多，但歷史和現實生活告訴我們：必須學會選擇，學會放棄！

生活有時候會逼迫你不得不改換愛好，不得不放棄你的遠大理想。人生其實就是一個選擇的過程，選擇對了，是成功的帆；選擇錯了，勢必會是南轅北轍。尤其是遇到追求的目標不可能實現時，果斷地放棄是一種明智的選擇。

一對師徒走在路上，徒弟發現前方有一塊大石，便皺著眉頭停在了石頭前。

師父問他：「為什麼不走了？」

徒弟苦著臉說：「這塊石頭擋著我的路，我走不過去了，怎麼辦？」

師父說：「路這麼寬，你怎麼不繞過去呢？」

徒弟回答道：「不，我不想繞，我就想要從這塊石頭上邁過去！」

師父：「可能做到嗎？」

徒弟說：「我知道很難，但是我就是要邁過去，我就是要打倒這塊大石頭，我要戰勝它！」

經過艱難的嘗試，徒弟一次又一次地失敗了。

最後徒弟很痛苦：「連這塊石頭我都不能戰勝，我怎麼能完成我偉大的理想？」

師父說：「你太執著了，對於做不到的事，不要盲目地堅持到底，要知道，不實際的堅持不如放棄。」

執著過了火，就成了固執。要時刻留意自己執著的意念是否與成功的法則相抵觸。當然追求成功，並不意味著你必須全盤放棄自己的執著，而來遷就成功法則。你只須在意念上做合理的修正，使之符合成功者的經驗及建議，即可走上成功的輕鬆之道。

理智地放棄自己無法實現的夢想，放棄盲目的追求，是人生目標的重新確立，也是自我調整、自我保護的最佳方案。學會放棄，給自己另闢一條新路，往往會柳暗花明。

放棄，並不是讓你放棄既定的生活目標，放棄對事業的努力和追求，而是放棄那些力所不能及、不實際的生活目標。

放棄不是退縮和隱藏，而是教你如何在衡量自己的處境後有的放矢，睿智地做出正確的選擇。

當人執拗於某一方面，如金錢、名譽、地位或某項工作時，往往會表現出只專注於此，而不考慮其他的情況。無論是生活的哪個方面，總戰術是「魚與熊掌兼得」，什麼都想要的人其實經常顧此失彼，甚至什麼也得不到。在現實社會中，誘惑實在太多了，在誘惑面前，著眼於大局，把自己不合理的欲望適當放棄，對不應得的東西不存非分之想，才是明智的行爲。

放棄，未必就是怯懦無能的表現，未必就是遇難畏懼、臨陣脫逃的藉口。有時，放棄就是一種高遠的目光，就是一種趨利避害，就是以退爲進、棄舊圖新。學會放棄，人生就會有一個更新、更高的目標。

5 讓思想超越「已知」的那部分

在一般情況下，我們總是慣用常規的思考方式，因爲它可以使我們在思考同類或相似問題的時候，省去許多摸索和試探的步驟，不走或少走彎路，從而縮短思考的時間，減少精力的耗費，還可以提高思考的品質和成功率。

但是，這樣的思維定式往往會產生妨礙和束縛，它會使人陷在舊的思維模式的無形框框中，難以進行新的探索和嘗試。因此，我們應當敢於突破常規的想法，擺脫束縛思維的固有模式。

正如一位心理學家所說的：「只會使用錘子的人，總是把一切問題都看成是釘子。」就好像卓別林主演的《摩登時代》裏的主人公一樣，由於他的工作是一天到晚擰螺絲帽，所以一切和螺絲帽相像的東西，他都會不由自主地用扳手去擰。

一次，一艘遠洋海輪不幸觸礁，沉沒在汪洋大海裏，倖存下來的九位船員拚死登上一座孤島，得以存活下來。

但接下來的情形更加糟糕，島上除了石頭，沒有任何可以用來充饑的東西。更為要命的是，在烈日的暴曬下，每個人都口渴得厲害，水成了最珍貴的東西。

儘管四周都是水——海水，可誰都知道，海水又苦又澀又鹹，根本不能用來解渴。九個人唯一的生存希望是下雨，或別的過往船隻發現他們。

但是，沒有任何下雨的跡象，也沒有任何船隻經過這個死一般寂靜的島。漸漸地，他們支撐不下去了。

八個船員相繼渴死，當最後一位船員快要渴死的時候，他實在忍受不住，撲進了海水裏，喝了一肚子海水。船員喝完海水，一點兒也覺不出海水的苦澀味，反而覺得這海水非常甘甜，非常解渴。他想：也許這是自己死前的幻覺。於是他上岸靜靜地躺在島上，等著死神的降臨。

他睡了一覺，醒來後發現自己還活著，船員感到非常奇怪。之後，他每天靠喝這島邊的海水度日，終於等來了救援的船隻。

後來，人們化驗這裏的海水發現，由於有地下泉水不斷翻湧，所以，這裏的海水實際上是可口的泉水。

法國作家貝爾納說：「妨礙人們學習的最大障礙，並不是未知的東西，而是已知的東西。」莎士比亞也說：「別讓你的思想變成你的囚徒。」愛默生說：「宇宙萬物中，沒有一樣東西像思想那樣頑固。」貝弗里奇在《科學研究的藝術》一書中，對此也進行了深刻而中肯的論述：「幾乎在所有的問題上，人腦都有根據自己的經驗、知識和偏見，而不是根據面前的佐證去進行判斷的強烈傾向。因此，人們是根據當時的看法來判斷新設想的。」

人們的大腦中存在思維定式是一種很普遍的現象。

據說，牛頓曾養了一大一小兩隻貓。一次，牛頓請瓦匠砌圍牆，為了讓貓進出方便，他要求瓦匠在牆上開一大一小兩個貓洞，以便大貓從大洞進出，小貓從小洞進出。圍牆砌好後，牛頓發現瓦匠只開了一個大洞，他對此很不滿意。瓦匠解釋說，小貓不也可以從大洞進出嗎？牛頓恍然大悟。

能從蘋果落地的現象中發現萬有引力定律的牛頓，也被思維定式局限住了，由此可見思維定式的可怕。因此，我們一定要打破思維的慣性，要敢於和善於在已知的基礎上，跳出思維模式所造成的刻板狀態，遇到問題時，一定要努力思考：在常規之外，是否還存在別的方法？是否還有別的解決問題的途徑？不能迷信於已知與傳統，不能畏懼觸碰真理，要相信自己的實力。所有的真理都是前人在總結經驗的基礎上創立的。

看事物不能用一種眼光，也不能依賴一種眼光，而要多角度、多方面地觀察，從常規中求新意。對一個問題，我們可以從現在、未來，已知，未知，動態、靜態，順向、逆向等多個思維角度進行思考，也可以通過組合、分解、求同、求異等方法，讓思路發展、拓寬。總之，要在相信自己可以有所突破的基礎上，尋求多種多樣的方法和結論，從而創造出更新更好的事物或產品，豐富自己的人生。

6 潛能的「引爆器」

在尼加拉大瀑布，數千年中，上萬億噸的水從一百八十英尺的高處奔湧而下，墜落到深淵裏，毫無意義地流失掉。然而有一天，一個人制定了一個計畫——利用這巨大能量的一部分。他使一部分下落的水流有規律地流經一個特殊的裝置，從而產生出上千萬千瓦的電能。從此，成千上萬的家庭有了光明，成噸的糧食被收割，大量的產品被生產出來並運輸到各地。這種新的能源，使當地人有了工作，讓孩子們受到了教育，開通了道路，建造了高樓、醫院。它帶來的好處是說不完的。總之，這一切能實現，都是因爲人們發現並利用了尼加拉大瀑布的能量，讓它爲一個特殊的目的服務。

我們也要學會儘快發現和利用自己的潛力和才能。

多年以前，在奧克拉荷馬州的一片私人土地上發現了石油，這片土地屬於一個上了年紀的印第安人。這位印第安人一輩子窮困潦倒，可石油的發現使他一夜之間成為百萬富翁。

發財以後，他做的第一件事就是給自己買了一輛豪華的「凱迪拉克」轎車。當時的轎車在車後配有兩個備用輪胎，可是這位印第安人想使它成為鄉裏最長的車子，於是又給它加上了四個備用輪胎。他買了一頂林肯式的長筒帽，配上飄帶和蝴蝶結，還叼上一支又粗又長的黑雪茄，每天都駕車到附近的小鎮上去。他想讓人人都看看他。

有趣的是，他的車從來沒有撞傷過一個人，原因很簡單：在他那輛氣派非凡的汽車前面，有兩匹馬拉著汽車。他的機師說汽車的引擎完全正常，只是老印第安人從沒學會用鑰匙插進去啟動點火。在汽車裏有一百匹馬力準備就緒，昂首待發，可老印第安人卻要用汽車外面那兩匹馬來拉車。

許多人都犯了這樣的錯誤，他們只看到外面兩匹馬的力量，卻看不到引擎中強大的力量！

每個人的身上都蘊藏著一份特殊的才能，猶如一個熟睡的巨人，等待我們將它喚醒，只要我們相信自己，相信自己的潛能，我們就能獲得成功。

如果有人對你說，你可以輕鬆地學會三十種語言，背誦整本百科全書，拿二十個博士學位。你會相信嗎？你完全可以相信自己有這個能力。

潛能是人類最大而又開發得最少的寶藏！許多專家的研究成果告訴我們：每個人身上都有巨大的潛能沒有被開發出來。科學家還發現，人類儲存在腦內的能力大得驚人，平常卻只發揮了極小部分的功能。要是人類能夠發揮一大半的大腦功能，那麼，上面所列的目標你就可以輕鬆達到！

上天是公平的，它會給我們每個人無窮無盡的機會去充分發揮自己的優勢，只要我們能將這種優勢發揮出來。但是，我們的優勢爲什麼得不到最大限度的開發呢？因爲我們常常對困難有本能的恐懼，懼怕讓我們逃避，不敢去嘗試，因此並不知道我們的潛能到底有多大。

潛能不管多麼巨大，如果任憑它永遠沉睡在一旁，不去喚醒它、點燃它、引爆它，就不會產生實際效用，沒有半點價值。而堅定的信念是潛能的「引爆器」，可以喚醒你的無限潛能，讓它像原子反應堆裏的原子反應那樣爆發出來，助你創造人生的奇蹟。

7 這一周你浪費了幾小時

最聰明的人是最不願意浪費時間的人。合理安排時間，就等於節省時間。從每天只有廿四小時這一點來說，時間是一個常數，它對每個人都是公平的；但對於勤懶不同的人來說，時間要相差幾倍，因爲勤奮者使每年、每月、每天、每小時甚至每分鐘都發揮出了它的特殊價值。

在這周即將結束時，我們必須要清楚時間財富的重要性，想一想，你浪費了幾小時？

大智和尚山外參學二十年，歸來拜見佛光禪師，述說在外的種種見聞。佛光禪師看著大智和尚侃侃而談，臉上洋溢著笑容。

大智和尚最後問道：「師父，這二十年來，您一個人還好嗎？」

佛光禪師點點頭道：「很好，很好，講學、說法、著作、寫經，每天都在智海中泛遊，世上沒有比這更欣悅的生活了，每天我都忙得很快樂。」

大智和尚聽了佛光禪師的話，這才放下心來：「師父，您應該多一些時間休息。」

佛光禪師點點頭，指了指門外沉寂的夜色，對大智和尚說：「夜深了，你去休息吧！有話我們以後慢慢說。」

清晨還在睡夢中，大智和尚就隱約聽到禪房中傳出陣陣誦經的木魚聲。白天，佛光禪師總是不厭其煩地對一批批來禮佛的信徒講說佛法；到了傍晚，回到禪堂，佛光禪師還有很多事情要做，不是批閱學僧的心得報告，就是擬定信徒的教材。

好不容易看到佛光禪師與信徒的談話告一段落，大智和尚抓住這個空檔對佛光禪師說道：「師父，以前您每天也是這麼忙，分別這二十年來，您的年紀都這麼大了，每天的生活怎麼還是這麼忙呢？」

佛光禪師說：「忙有什麼不好呢？忙得我都沒有時間老了呀！」

「忙得沒有時間老！」這句話就好像一股激流，衝進大智的腦海中，捲起一陣風浪。是啊，如果不忙，每天無所事事，無聊之下，難免自尋煩惱。原來師父的忙，實際上是一種生活的大智慧啊！

大智和尚恍然大悟。從此以後，他也變得像佛光禪師那樣忙碌。佛光禪師圓寂後，大智和尚繼承了佛光禪師的衣缽，繼續普度眾生的事業。

有的人年紀輕輕，卻心力衰退，覺得自己老了；而有的人年事已高，但心力旺盛，仍感到精神飽滿。爲什麼會這樣呢？只因心中所思所想不一樣。

心力旺盛者，懂得把握時間，根本沒有時間去想自己是不是老了，故能精神飽滿地面對人生的每一天；而心力衰退者，不能珍惜時間，終日裏無所事事、不知所措、胡思亂想，又怎麼可能不老呢？

人生何其短暫，倏忽而過，若不抓住時間，努力進取，待到光陰過盡，人之將死，遺憾相隨，也不能有絲毫的快樂。所以要珍惜時間，把握生命的每一分、每一秒，不負此生，千萬不要讓自己在人世間白走這一遭。

一切善於投資的成功人士都是那些時間觀念強、善於運用時間、做好計畫安排的人。他們絕不會在不能給自己帶來好處的人和事上浪費一分一秒，他們總是清楚自己下一步要做什麼。

時間是每個人最珍貴的財富，只有高效迅捷、善於有效利用和管理自己時間的人，才能在有限的人生中獲得最大的進步和更多的突破。

榮恩是一家小書店的店主，他是一個十分愛惜時間的人。

一次，一位客人在他的書店裏選書，逗留了一個小時才指著一本書問店員：「這本書多少錢？」

店員看看書的標價說：「一美元。」

「什麼？這麼一本薄薄的小冊子要一美元。」那個客人驚呼起來，「能不能便宜一點，打個折吧。」

「對不起，先生，這本書就要一美元，沒辦法再打折了。」店員回答。

那個客人拿著書愛不釋手，可還是覺得書太貴，於是問道：「請問榮恩先生在店裏嗎？」

「在，他在後面的辦公室裏忙著呢，你有什麼事嗎？」店員奇怪地看著那個客人。

客人說：「我想見一見榮恩先生。」

在客人的堅持下，店員只好把榮恩叫了出來。那位客人再次問：「請問榮恩先生，這本書的最低價格是多少錢？」

「一點五美元。」榮恩斬釘截鐵地回答道。

「什麼？一點五美元！我沒有聽錯吧，剛才你的店員明明說是一美元。」客人詫異地問道。

「沒錯，先生，剛才是一美元，但是你耽誤了我的時間，這個損失遠遠大於一美元。」榮恩毫不猶豫地說。

那個客人臉上一副掩飾不住的尷尬表情。為了儘快結束這場談話，他再次問道：「好吧，那麼你現在最後一次告訴我這本書的最低價格吧。」

「二美元。」榮恩面不改色地回答。

「天哪！你這是做的什麼生意，剛才你明明說是一點五美元。」

「是的，」榮恩依舊保持著冷靜的表情，「剛才你耽誤了我一點時間，而現在你耽誤了我更多的時間，我被耽誤的工作價值也在增加，遠遠不止二美元。」

那位客人再也說不出話來，默默拿出錢放在櫃檯上，拿起書離開了書店。

榮恩既做成了這本書的買賣，又給那位客人上了一課，就是「時間財富」。一個人的成就取決於他的行動，而一個人的行動和他支配時間的能力是成正比的。如同巴爾扎克說：「時間是人所擁有的全部財富，因爲任何財富都是時間與行動化合之後的成果。」

讓我們來看看巴爾扎克是如何惜時如命的。

午夜，當巴黎的居民進入夢鄉時，巴爾扎克緊緊地拉上窗簾，在桌上點起蠟燭，開始工作，並連續寫作五六個小時。

凌晨時分，他稍停片刻，喝下濃濃的咖啡，振作一下精神，又繼續寫下去。

上午八點鐘，他休息一會兒，洗個熱水澡，然後處理日常事務，接待印刷商、出版商。九點鐘，他又坐回到工作室，修改文章校樣，有時候是大段大段地重寫。這樣，一直工作到下午五點鐘。

晚上八點鐘，當別人去尋歡作樂的時候，他爬上床，睡上三四個小時，然後醒來開始新的工作。

對巴爾扎克來說，沒有什麼東西能比時間珍貴。在二十多年的創作生活中，巴爾扎克每天工作十五六個小時，以驚人的速度，一本接一本地寫出大量的優秀作品，其中如《幻滅》、《農民》、《高老頭》等，都是世界文學史上不朽的篇章。巴爾扎克給自己的作品起了一個總名叫《人間喜劇》。這部包羅萬象的巨著，可以說是法國社會，特別是十九世紀巴黎

「上流社會」的歷史，它既是封建社會的沒落衰亡史，也是資產階級的發家史。

巴爾扎克正是把時間當作自己的全部財富、不肯虛擲一刻，才終於成為世界級的文學巨匠。

時間就像一條川流不息的江河，默默地，不停地流逝著。正像朱自清先生所描述的那樣，「洗手的時候，日子從水盆裏過去，吃飯的時候，日子從飯碗裏過去，默默時，便從凝然的雙眼過去」，誰也別想把它占爲己有。隨著一天天、一年年的流逝，時間會刺破青春的彩飾，會在美人的額上挖下深溝淺槽，什麼都逃不過它那橫掃的鐮刀。

時間管理的重點在於如何分配時間，在更短的時間達成更多的目標。

現在，我們來學習做好個人時間管理的十個關鍵：

關鍵一：要有明確的目標

請你拿出紙和筆，在紙上寫出你明確的目標。如果你沒有明確的目標，那你的時間就無法管理。

時間管理的目的，是讓你在更短的時間達成更多你想要達成的目標。成功就等於目標，所以你越能夠把目標明確地設立好，你的個人時間就會管理得越好。

關鍵二：你必須有一張「個人清單」

你必須要把今年所要做的每一件事情都列出來。現在就把你要完成的每一件目標列出來，不光是主要的目標，一些小目標也要列出來。

當你有「個人清單」之後，你接下來要做的就是把目標切割。譬如，爲了達成今年的每一個目標，你上半年必須完成哪些事情？下一步就是把它切割成季目標，然後再根據季目標分割出每個月的目標，以此類推。

假如你沒辦法列出全年的「個人清單」，那你至少要有每個月的「月清單」。當然，我們都知道一日之計不是在於晨，而是在於昨夜，所以最好在前一天晚上就把第二天要做的事列出來。記住，你永遠沒有時間做每一件事，但你永遠有時間做對你最重要的事。

當你列出來後，把優先順序排好，並且設定完成期限，這時你就已邁向成功之路了。

關鍵三：也就是大家所熟悉的二八定律，或八二定律

要想把個人時間管理好，就一定要知道哪些事情對你來說是最重要的，如果你不是很清楚，那你的個人時間管理永遠不會做好。所以，每一天必須花最多的時間做那一件事。

你可以列出第二天要做的每一件事，然後把這些事情分成小小的時段，這樣你就可以百分之百地掌握自己的時間了。

還有一點，就是運用視覺的力量。導致個人時間管理不好的原因通常就是拖延。當「馬上行動」擺在你面前，你很明確地看著它，它就會刺激你的潛意識，進入你的腦海，迫使你馬上行動。所以，你應該在你的書桌前面貼上寫有「馬上行動」的紙條。

關鍵四：每天至少要有半小時到一小時的「不被干擾的時間」

假如你能有一小時完全不受任何人干擾，自己關在自己的房間裏面，思考一些事情，或是做一些你認爲最重要的事情，這一個小時可以抵過你一天的工作效率，甚至更多。

一般來講，需要花二十分鐘才能讓自己的頭腦冷靜下來，讓心定下來。假設只有三十分鐘，效率並不會太高，所以，給自己一個小時不被干擾的時間是非常有效的方法。

不被打擾的時間最好設定在早上起床的時候，五點到六點，這個時候，你的頭腦非常清醒，思考會讓你發揮非常強大的力量。假如你這個時段沒有辦法做到，還有一個時間你可以試試，就是在中午吃飯的時間，或是在下午三點到四點的時候。

關鍵五：你的目標和你的價值觀要吻合，不可以相互矛盾

你一定要確立你個人的價值觀，假如價值觀不明確，你就很難知道什麼對你最重要。當價值觀不明確的時候，你時間的分配就做不好。所以，你一定要把自己的價值觀確定一下，明確什麼對你才是最重要的，是健康、事業、家庭還是朋友，把它分配好。

記住，「時間管理」的重點不在於管理時間，而在於如何分配時間。

關鍵六：每天靜坐一小時

你可以找一張椅子，就坐在那裏，記住，一定要完全不受干擾，沒有任何音樂，沒有任何雜音，就一個人坐在椅子上。當然，一開始的時候你一定很想動，這時你就要鞭策自己不准動，直到滿一小時。假設你每天能夠靜坐一小時，你工作的效率一定會得到提升。

關鍵七：所有的事情一開始就把它做對

開始就把它做到完美，做到最好，這樣你就不需要重複去做同一件事了。

關鍵八：你必須控制你的電話時間

善於管理時間的領導通常是由他的秘書幫他查詢到底是誰打電話來，或是請他留言。留言時必須記住什麼時間回電是最好的時機，不然你打電話過去，對方不在，只能是徒勞無功。可以把電話積累到某一個時間，一次把它全部打完。

關鍵九：同一類的事最好一次把它做完

重複去做同一件事能讓你熟能生巧，從而提高你的工作效率。

關鍵十：做「時間日誌」

你花了多少時間去做那些事情，把它詳細記錄下來，你會發現，原來自己浪費了那麼多時間。只有找到浪費時間的根源，你才有辦法作出改變。

8 幸福就是如此簡單

生命漫長，瑣碎的幸福像花，總是悄無聲息的一朵一朵地綻放。因爲瑣碎，所以容易被我們忽略。就像日出與日落一樣，因爲經常會看到，所以很少能夠察覺到它的美麗。很多時候，我們缺少的不是幸福，而是感知幸福的能力。

有一個故事叫《牽著蝸牛去散步》。一天，上帝安排一個人，讓他牽一隻蝸牛去散步。蝸牛慢吞吞的腳步讓他很不耐煩，但任憑拉牠、催牠、嚇唬牠，蝸牛依然故我。因此，他開始心生埋怨，一路上數落著蝸牛，埋怨上帝為什麼讓他帶著蝸牛來散步。

但後來，他因走得慢，心情放鬆而聞到花香，聽到蟲鳴鳥叫，看見滿天星斗，在慢慢的行走中體會到了前所未有的幸福。他開始醒悟，上帝不是叫他牽著蝸牛去散步，而是讓一隻蝸牛陪他散步，上帝使他找到了自我，使他看到了身邊的美。

幸福就是如此簡單，它處處存在，只需要我們用心去體驗。幸福不但表現了自己對世界的欣賞與讚美，也給周圍的人帶來了溫暖和輕快。只有每個人都能感知幸福，才不會再挑剔生活。

幸福的感知能力取決於你對那些自己已經擁有的、非常普通而又平凡的東西的感受。這些東西我們平時往往體會不到，直到有一天失去的時候才知道珍貴。

人往往要等到失去後才會珍惜自己所擁有的。人們之所以感覺不幸福，是因爲當幸福來臨的時候，自己常常渾然不覺，即便別人投來羨慕的目光，我們依然不知道珍惜自己所擁有的幸福，反而讓幸福白白地從自己手指間溜掉，到最後，只剩下揮之不去的痛苦。一個在沒有失去的時候就知道珍惜的人，才是真正幸福的人！

一位國王總覺得自己不幸福，他聽說只要得到幸福的人的襯衫，就能得到幸福，就派人四處去尋找一個感覺幸福的人，然後將他的襯衫帶回來。尋找幸福的人碰到人就問：「你幸福嗎？」回答的人總是說：不幸福，我沒有錢；不幸福，我沒親人；不幸福，我得不到愛情……

就在他不再抱任何希望時，從對面被陽光靜照著的山上傳來悠揚的歌聲，歌聲中充滿了快樂。手下隨著歌聲找到了那個「幸福的人」，只見他躺在山坡上，沐浴在金色的暖陽下。

「你感到幸福嗎？」「是的，我感到很幸福。」「你的所有願望都能實現，你從不為明天發愁嗎？」「是的。你看，陽光溫暖極了，風兒輕柔，我肚子又不餓，口又不渴，藍天白雲，地又是如此寬闊，我躺在這裏，除了你們，沒有人來打攪我，我有什麼不幸福的？」

「請將你的襯衫送給我們的國王，國王會重賞你的。」尋找幸福的人說。

那個人卻回答說：「我很窮，根本買不起襯衫。」

幸福與財富無關，與地位無關，與長相無關，與事業無關。幸福沒有一種絕對的定義，它是一種內心的感覺。幸福也許就在我們的身邊，需要我們去發現，去耐心地體會和品味。

星期六

用信念帶來新一輪的好運

專家認為，休閒並不是要我們一窩蜂地去和別人湊熱鬧，
或者在週末花一大筆錢去吃一頓昂貴的大餐，
而是應該回過頭來，從自己的喜好和需要出發。
所以，週末利用休閒時間，去做一些喜歡和需要的事，
從而開發自己的潛力，提高自己的素質，
也是一種非常好的休閒方式。
同樣，我們何不利用一下週末的好心情去做一些有創意、
有開拓性的工作，找一些你平時疏於溝通的人交流呢？

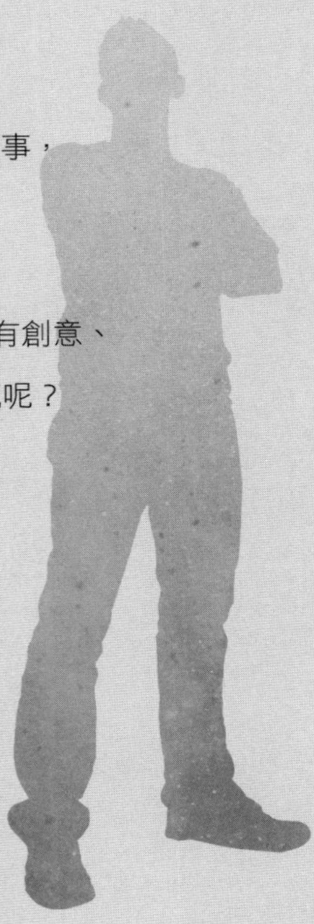

1 積極參加休閒活動

林語堂是這樣說的：「地球上只有人拚命工作，其他的動物都是在生活。動物只有在肚子餓了才出外找食物，吃飽就休息，人吃飽了之後又埋頭工作。動物囤積東西是爲了過冬，人囤積東西則是爲了自己的貪婪，這是違背自然的現象。」

沒踏入職場前，看看那些衣著整齊、神采奕奕的上班族，你是不是非常羨慕？甚至渴望趕快走出校園踏進職場，成爲他（她）們中的一員？

可是，當你真的踏入職場，你可能會漸漸感到失望。因爲你發現工作是很忙很累的事，每天準時趕到公司，一頭栽進那些沒完沒了的工作中，碰上任務緊急的時候還要應付加班，這時你可能已經約了朋友一起吃飯，或者約定去拜訪一位專家，於是，你只好向對方道歉，取消約定。有時你也會很煩，甚至會莫名其妙地衝著同事大聲嚷嚷，但你依然重複著每天的日子，因爲你不工作就沒有麵包吃，你不加班就做不出成績，就有可能被「炒魷魚」。

更可怕的是，你不自覺地把休閒時間都利用到工作上。別人心無牽掛地去休閒，去放鬆自己，你卻慭在家裏加班工作，即使你也加入了休閒的隊伍，腦子裏卻還在考慮著工作。

心理專家研究發現，白領上班族可以說是社會上最忙碌的一群，但也是休閒生活最貧乏的一群。對他們來說，凡是追求成就感、實現人生夢想等，幾乎都是希望通過工作來實現，休閒只不過是「龍套」的角色，唯有工作才是值得他們投入全部心力的重頭戲。

誠然，很多人徹頭徹尾地成爲工作的奴隸，是認爲休閒不會給工作帶來什麼益處，這種想法使他們寧可花時間坐在那裏自怨自艾，也不願意站起來實際行動。實際上，適當的休閒對一個人的工作有良好的促進作用。成功的人懂得將工作與休閒時間適當分配，他們知道何時該放鬆。

休閒往往有一個前提，那就是連續的工作使你感到勞累，甚至對工作感到厭煩，急於從工作中脫離出來，你需要通過徹底放鬆自己，調整自己的心態，保持快樂的心情。

適當的休閒是你實現這一願望的最佳方式。離開囚籠一樣的辦公室，投身到新鮮的環境中去，接觸不同的人，觀賞奇異的事物，使你在工作時緊繃的神經得到徹底放鬆，疲倦的身體得到良好恢復，那些困擾你的負面情緒會隨那輕柔的風、潺潺流水、隨你開心的大笑而遠去。當你再出現在辦公室裏，你會顯得精力充沛，即使再複雜棘手的工作擺在你面前，你也能從容面對，遊刃有餘地去處理。

2 知識的積累比財富更重要

知識的積累比財富更有價值，它能使一個人從博學中領悟智慧，能幫助一個人從黑暗中走向光明。

很多富翁乘一艘大船出海旅遊，酒足飯飽後，他們各自吹噓自己如何富有，一個比一個說得離譜。一位讀書人在一邊聽他們爭論卻默不作聲。一位富翁問那個讀書人：「年輕人，你有什麼財富？快對大家說說！」讀書人微笑說：「我比你們都富有，只是現在我無法拿給你們看……」

富翁們以為他不過是個窮光蛋，自吹自擂罷了。幾天後，遊船遇到一夥海盜，富翁們隨身攜帶的金銀財寶全部被洗劫一空，他們懊惱極了。

大船繼續向前駛抵一個港口後，實在沒有資金再向前航行了。富翁們上岸後，困窘得只好靠給人做苦力來填飽肚子；可讀書人很快就被聘到學校去教書，幾年後，讀書人有了一定的積蓄，又娶了一位漂亮的妻子；而當年自吹自擂的幾位富翁，卻淪為真正的窮光蛋。

他們若有所悟地對年輕人說：「小夥子，你這才是真正的財富，把知識藏在肚子裏，什麼時候需要用都有，也不會遭到海盜的劫持……」

人人都渴望擁有財富，很多人去學習知識的目的就是想獲取財富。一開始，人們是用金錢去學習知識，然後再用知識去獲得財富。財富可以天生擁有，知識卻要通過艱苦地學習才能獲得；知識有可能會轉化成財富，而財富卻無法買到知識；財富可能一夜之間消失，知識卻可以讓自己受用一生；財富會貶值，而知識只會越來越有價值。所以，人們常說「知識就是財富」，卻從未聽說有「財富就是知識」的說法。

有人喜歡聚斂錢財，對他們來說，知識只是獲取錢財的一種手段。但這些浮雲身外之物，往往會隨著時間和境遇而來去空空。唯有知識的積累，才是實在永久的。

忙著聚斂財富的人，很少會再去吸收知識。因為照他們的思維模式：讀書的目的就是為了獲得更多的財富，既然目的已經達到了，再去積累知識又有何用？近幾年，有越來越多的人抱持「讀書無用論」，一部分的觀點就是，現在大學畢業就業困難，讀完大學，出來跟沒上大學的人搶飯碗，好像並不怎麼划算。成功的道路千萬條，不敢說這樣的選擇就是錯的，只是用財富去衡量知識，未免有些失準。

在這方面，傑出的企業家湯瑪斯．金曾受到加利福尼亞的一棵參天大樹的啓發：「在它的身體裏蘊藏著積蓄力量的精神，這使我久久不能平靜。崇山峻嶺賜予它豐富的養料，山丘為它提供了肥沃的土壤，雲朵給它帶來充足的雨水，而無數次的四季輪迴在它巨大的根系周圍積累了豐富的養分，所有這些都為它的成長提供了能量。」

那些學識淵博、經驗豐富的人，比那些庸庸碌碌、不學無術的人，成功的機會更大。許多天賦很高的人，終生處在平庸的職位上，導致這一現狀的原因是不思進取，他們寧願把多餘時間消磨在娛樂場所或閒聊中，也不願意讀書學習。其實，隨時隨處都有知識可以積累。對於一切接觸到的事物，都要細心觀察、研究，如此，你所獲得的內在財富要比有限的薪水高出數倍。

3 培養一定的興趣愛好

每個人都應該有一種愛好，無論是禪者的修行，還是普通人的生活。培養一定的興趣愛好，陶冶情操，不是什麼壞事，但「業精於勤，荒於嬉」，千萬不要玩物喪志、沉迷其中。

比如說，想要成爲一名音樂家，你就必須每天專注於研究樂理、研究曲譜，勤於練習，有一項自己擅長彈奏的樂器；如果想成爲一名設計師，那麼你就必須把自己的精力放到藝術設計方面，勤於繪畫，平時多看一些藝術作品，汲取靈感，還要在生活中時刻保持一雙善於發現的眼睛，時刻收集藝術方面的元素用於創作中。當然，興趣愛好還是要有的，比如說業餘可以練練書法、唱唱歌、跳跳舞，這是對心靈的一種放鬆，只是不要把業餘愛好提升到你的目標之上，否則就會影響到你前進的步伐。

荀子在《勸學》中說得好：「蚓無爪牙之利，筋骨之強，上食埃土，下飲黃泉，用心一也。」即使底子再薄弱，力量再微小，只要專一，最終也能達到目標。

戴爾．泰勒是美國西雅圖一所著名教堂德高望重的牧師。某一天，他向學生宣布：誰要是能背出《馬太福音》第五章到第七章的全部內容，他就邀請他到西雅圖的「太空針」高塔餐廳免費餐會。

「太空針」高塔高一百八十五米，登上高塔餐廳可以一覽西雅圖的美景，而且那裏的甜點是孩子們嚮往的美味。可以說，那是每個孩子都夢想去的地方。但是要獲得這個機會並非易事，因為《馬太福音》第五章到第七章又稱「山上寶訓」，是《聖經》中的著名篇章，有幾萬字的篇幅，而且不押韻，要背誦全文有相當大的難度。

但是有一天，一個十一歲的學生胸有成竹地坐在戴爾．泰勒牧師面前，以孩子特有的童音從頭到尾一字不漏地把原文背了下來，沒出一點差錯，而且到最後，竟成了聲情並茂的朗誦。泰勒牧師驚訝地張大了嘴巴。要知道，真正的基督徒能背誦全文的也很少有，更何況是一個孩子！

牧師不禁好奇地問：「你是如何背下這麼長的文字的？」

這個孩子不假思索地回答：「我只是專心致志地去背。」

十六年後，這個孩子成了一家知名軟體公司的老闆，他的名字叫比爾．蓋茲。

在人生的道路上，外在的客觀原因會起一定的作用，但最根本的還是個人的主觀努力。比爾．蓋茲無論是對《聖經》的背誦還是後來他所取得的偉大成就，都得益於他總是集中精力去做好眼前的事。比爾．蓋茲的竭盡全力向我們昭示了這樣的道理：一個人要想有所成就，就要用專心致志的精神去叩開成功的大門。

分散精力很容易一事無成。很多人之所以沒有實現心中的目標，大都是因為他們容易見異思遷，注意力被分散了。如果不能專心致志地做事，我們所探究到的只能是事物的表層。真正有所建樹者都是集中精力專注某一領域，並且堅持不懈地去探索，最終才能創造出前人無法企及的成果。

幾十年前，波蘭有個叫瑪妮雅的小姑娘，學習非常專心，不管周圍怎麼吵鬧，都分散不了她的注意力。一次，瑪妮雅在做功課，她姐姐和同學在她面前唱歌、跳舞、做遊戲，瑪妮雅就像沒看見一樣，在一旁專心地看書。

姐姐和同學們想試探她一下。她們悄悄地在瑪妮雅身後搭起幾把椅子，只要她一動，椅子就會倒下來。時間一分一秒地過去了，瑪妮雅讀完一本書，凳子仍然豎在那兒。從此，姐姐和同學們再也不逗她了，而且像瑪妮雅一樣專心讀書，認真學習。

瑪妮雅長大以後，成為一個偉大的科學家，她就是居里夫人。

儘管有的人能夠不斷地確立新的目標、新的規劃和思想，但是當要開始實行某一計畫、著手去做具體事情時，他們卻很難專注下去。三心二意只能說明他們不知道真正的目標在哪裏，因此大部分事情都是無果而終。所以說，專注是成就事業的基石，不少成功者都是依靠這一法則在社會中立足的。

有這樣一幅插畫：在一個岩石縫裏，一朵紅色的小花兀自開放著，紅得觸目，美得驚心。看著這樣的畫面，人們不禁會想，是什麼樣的力量讓它能夠在夾縫中生長，並綻放出美麗的花朵？唯一的答案就是「專注」二字。

披著星光，頂著風雨，不管身邊的岩石多麼堅硬，只要有一點縫隙，借著腳下貧瘠的土壤，微笑著向上、向上，直到時間過去，錯過無數星輝和朝陽，它依然捨不得放棄。最終，它躥出了地面，見到了藍天和白雲，在溫暖的陽光下綻放著屬於自己的色彩。它的人生因爲「專注」而改變。

PMA（積極心態）訓練教程中，「專心」的定義是這樣的：專心就是把意識集中在某個特定欲望上，並一直集中到已經找出實現這項欲望的方法，而且成功地將其付諸實際行動爲止。

可見，成功是需要「聚焦」的，只有把自己的精力用在我們最擅長的方面，才能獲得最大的成就。

4 學會分享

懂得分享的人，往往可以獲得更多好人緣。

內湖科學園區的益登科技，因為代理全球繪圖晶片龍頭廠商的產品，從默默無聞的無名小卒，迅速躋身為國內第二大ＩＣ通路商。總經理曾禹旖在六年內赤手空拳打拚出一家市值逾新臺幣八十億元的公司，他靠的是什麼？

與曾禹旖相交二十多年的友人吳憲長說：「在同業中或同輩中，論聰明、論能力，曾禹旖都不能算頂尖，但是，他能遇到這個好運，八成以上的因素在於他的人脈。因為他很願意與別人分享，大家才會利益共用，機會之神也才會眷顧他，而不是別人。」

「有怎樣的度量，就有怎樣的福氣」，從小曾禹旖的父母就是這樣教導他。如今，曾禹旖也常這樣對屬下說：「賺錢機會非常多，一個人無法把所有的錢賺走。」

是的，只有分享，才能讓你得到更多。

眾所周知，溫州人是有名的「生意精」，素有中國的「猶太人」之美稱。他們之所以能把生意做到如此地步，就是因爲他們善於分享，以此積累了豐富的人脈資源，有人捧場，還怕做生意不賺錢嗎？

溫州人信奉「有錢大家一起賺」的信條，他們認爲不讓別人賺錢的生意人不是好生意人，也絕對不會得到真正的朋友。在商業社會，做生意總要有夥伴、幫手、朋友，你照顧別人的利益，實際上也是在照顧自己的利益。

巴勒斯坦有兩片海，這兩片海相距不遠，而且共有一個源頭——約旦河，但是景象卻大不相同，一片海死氣沉沉，被稱爲死海；另一片海生機盎然，名爲加利利海。

同樣都是接納約旦河的水，爲什麼會如此不同？原來，死海地勢較低，水只能流入，而不能流出，加上陽光終日照射，海水不斷蒸發，久而久之，這裏就成了寸草不生的鹹水湖；而加利利海則恰恰相反，它的地勢較高，水流入又流出，接納和付出同時進行，所以「活」得精彩紛呈。

一個懂得分享的人，生命就像加利利海的活水一樣，豐沛而且充滿活力，這樣的人身上有一種特殊的吸引力。

在這個世界上，有些東西是越分享越多的，更重要的是，你的分享將會使更多人願意與你在一起。

5 讓金錢為你工作

幸福生活的要旨，說來十分簡單，一方面在於「努力工作，賺取更多的金錢」，另外一方面則在於妥善地安排掌握財富——「攢錢」。最後，拿錢出來投資——「讓金錢爲你工作」。

我們在這裏要糾正一個誤區，幸福並不在於你收入多少，而在於你每個月能支配的錢有多少。

對剛工作不久的年輕人來說，工資仍十分菲薄，然而服飾、化妝品（特別對於女性）、還有朋友的約會等等交際應酬，怎樣才能既享受生活又收支平衡呢？

職場新人可以把支出分成三大部分

首先，拿出每個月必須支付的生活費，如房租、水電、電話費，這部分約占收入三分之一。它們是你生活中不可或缺的部分，滿足你最基本的物質需求，離開了它們，你就會像魚兒離開水一樣無法生活。所以無論如何，請你先從收入中抽出這部分，不要動用。

其次，是自己用來儲蓄的部分，也約占收入的三分之一。每次存錢的時候，你都會很有成就感，好像安全感又多了幾分。但是一到月底，往往又變成泡沫經濟：存進去的大部分又取出來了，散佈於林林總總自己喜歡的衣飾、雜誌或朋友聚會上。這個時候，你要大聲對自己講：「我要投資自己的明天，我要保護好自己的財產。」

起碼，你的積蓄要能保證三個月的基本生活。要知道，現在很多公司動輒減薪裁員，如果你一點儲蓄都沒有，一旦工作發生變動，你就會非常被動。而這三個月的收入可以成爲你的定心丸，如果工作實在幹得不開心，你可以憤而揮袖離職，想想那是多麼大快人心的事啊。

剩下的這部分錢，約占收入的三分之一。可以根據自己的生活目標，有目地性的花在不同的地方。譬如安排旅遊；服裝打折時可以購進自己心儀已久的名牌貨；還有平時必不可少的朋友聚會的開銷。這樣花起來心裏有數，不會一下子把錢都用完。最重要的是，即使一發薪水就把這部分用完了，也可當是一次教訓，可以懲罰自己一個月內什麼都不能再幹了（**就當是收入全部支出了吧**），印象會很深刻，而且有效。

最重要的是開源

只靠死薪水掙錢，是存錢的初級階段。無論你怎樣辛苦、怎樣努力，你的精力都是有限的，所以不妨學著從其他領域中獲取額外的財富，用錢生錢，這會在工作之餘帶給你更多的驚喜，大大提高你的幸福度。

某天，有位窮困的農夫在他所養的鵝窩裏找到一顆金蛋，他請來金匠檢查這顆蛋，發現是純金的。此後的每天早晨，他都會在鵝窩裏撿到一顆金蛋，於是他變成了富人。

漸漸地，他開始不再滿足於每天只撿到一顆金蛋，於是他跑到鵝窩，殺了這隻鵝，想得到更多金蛋。結果可想而知，下蛋的鵝沒有了，又何來金蛋呢？

這隻鵝是你的資本，金蛋是你的利息和紅利；若沒有資本，就不會有利潤。一些人把自己所有的錢都花掉了，以致於沒辦法再養更多鵝，他們在那隻幼鵝還不能生出金蛋前，就已經殺死了牠。尤其是「月光族」，如果你「月月光」，此後，你也一直只能過這樣的生活。

想要用錢生錢，或者說靠投資來賺得額外收益，首先你必須省下一些錢，然後要知道如何增加自己的資本。無論你是打算用這些錢購買銀行理財產品還是基金、股票，都需要先熟悉你要投資的項目。

有目標，才有幸福感

這個目標是爲了讓你成爲你想成爲的人，而不是想著以你現在的能力一個月能賺多少。假設你現在每個月的收入兩萬兩千元，如果你想買房、娶妻，生活得不用太艱辛，你希望自己未來三年內的每個月賺到多少收入？

很多人只是去想，如果老闆能給自己加薪，如果能跳槽到一家待遇更好的單位就好了，卻沒有想過自己怎麼去做。

你可以審視自己的學歷、能力，以及你目前的情況，接著根據自己的分析，考慮什麼才是可行的，然後以自己的能力來設定目標。我們在學校裏學會了這樣計畫，但這種方式有個危險，它改變不了太多，一切只會停留在原處。

然而，傑出的成功人士做法截然不同。他們根本不看自己的能力，而是設定特定的願景。他們描繪出自己想要達到的目標，然後再考慮自己必須成爲哪種人，以實現願景。

成功人士看著自己的目標，無視目前的情況。他們知道，可以將目標轉向自己，我們只要站著不動就行；然而，我們也可以將自己轉向目標，也就是我們必須成長。

其實，你未來的三年每個月想收入多少只是一個標記，用來檢驗你是否真的達到了目標。重要的是，在這個過程中，你將變成什麼樣的人。這個過程是艱辛的，也是幸福的。

6 用愛來感動對方

心情是可以被感染的，不管是好心情還是壞心情，都能以一種奇妙的方式影響周圍的人。比如說，一個人某天心情不好，臭著臉，甚至還唉聲歎氣，那麼在他的感染下，周圍的人那天也絕不會有好心情，一個心情好的人也能影響周圍的人，這些東西總是相互的。

總之，心情是可以相互感染的，那麼我們又能通過什麼方式來達到感染他人的目的呢？

首先，通過讚美對方，讓對方在「高帽」下變得心情舒暢起來。

莎士比亞曾說過這樣一句話：「讚美是照在人心靈上的陽光。沒有陽光，我們就不能生長。」而心理學家威廉姆・傑爾士也說過：「人性最深切的需求就是渴望別人的欣賞。」當然，這種讚美是實事求是的讚美，而不是爲了恭維別人說瞎話，以一種虛僞的方式來迷惑別人的眼睛。真正的讚美在人與人的交往中起著很重要的作用，他是人際關係的潤滑劑，適當地讚美對方，有助於增強朋友同事之間和諧、溫暖和美好的感情。再者，對方爲了不辜負你的這種讚美，會把自己的這個優點發揮得更好。每天都生活在這種優勢之中，心情當然總是陽光的、燦爛的。

比如，一個老師，在無意中很真誠地讚美某個學生的字寫得非常漂亮，並且還預言他以後一定能成爲一個大書法家。這個學生聽到這個誇獎以後，一定會對自己的能力充滿信心，特別是在以後的競爭中，這個學生很可能會不辜負老師的期望，一直朝書法家的方向前進。也許在不久的將來，這個學生會真的成爲有名的書法家。

真誠的讚美可以激勵別人，並讓那個被讚美的人建立充足的自信心。

憑藉這分自信，他們能很好地發揮自己的潛能，實現自己的理想。

有一位心理學家曾經這樣說過：「撫育孩子沒有其他竅門，只要稱讚他們。當他們把飯吃完時，讚美他們；畫了一幅畫之後，也讚美他們；當他們學會騎自行車時，也讚美他們、鼓勵他們。」

既然孩子都能從讚美中受益，我們這些成年人就更應該懂得讚美對於一個人是多麼的重要，特別是當眾讚揚一個人，更是效果倍增。

其次，要善於喊別人的名字，這是一種心理上的衝擊力。

猶如一個氣球，每一次聽到或看到自己的名字，就如同往氣球裏面充氣一樣，會讓自己的心靈慢慢膨脹起來。這裏面包括一個人的自尊心、榮譽感，還有那可貴的自信心。

但是，準確地記住一個人的名字並不容易，特別是那些經常同時和很多人打交道的人。別說他們叫什麼名字，就是能說出他們是做什麼的，就已經很不容易了。但是我們卻又必須這麼做，那該如何呢？

這裏有幾個簡單的原則，供大家思考：

1.在潛意識裏反覆強調自己的記憶力很好，能記住所有人的名字，並能很準確地記住每個人的職位和工作單位。只要你消除了心中對名字的猶疑和恐懼，你就能發揮記憶的能力。

2.讓自己明白，記住每個人的名字能給自己帶來更多的收益，那麼你的潛能就會發揮得很好，在短時間裏記住每個人的名字。

3.要記得問清楚別人的名字。在對方眼中，自己的名字是最好聽的，儘管這個名字在別人看來很普通。因此，不要害怕問別人的名字，最好還要問清楚怎麼寫，以免到時候出了錯誤而鬧笑話。

4.把每天遇到的陌生人的名字記在自己的筆記本上，每天晚上睡覺前多看幾眼，就像小時候背書一樣，加強記憶。

5.把所接觸到的人進行分類記憶。可以根據他們的工作崗位或工作單位分類，也可以根據對方的職位進行分類。總之，自己覺得怎麼樣好記就按照什麼樣的方式來記，最後的目標就是要把它記住。

再次，要善於記得塵封往事。

在和對方交流的時候，最好能適當地提及塵封往事。這樣會讓兩個人之間的距離迅速靠近，也會讓對方覺得你是一個非常有心的人，是一個能交心的朋友。這種方法不管是在生活上還是在工作上，都能給自己帶來很多的方便和好處。

在記住那些塵封往事的同時，最好能記住那些人的生日、紀念日或者是他們所看重的節日等，在適當的時候用一張明信片或者是一份小禮物表達自己的情義，讓對方知道自己還牽掛著他。這時候，你在對方心目中的地位肯定會得到大大的提升。說不定，對方會因爲你這個小小的舉動而高興好一陣子。

總之，我們要讓所有的人都覺得自己是最美麗的、最特別的。這在感染對方的同時，其實也在無聲地感染著自己。

另外，一個人的幽默在很多時候也能在一定程度上感染對方的心情，特別是那些真正有著幽默天分的人，更是能把這種效果發揮得淋漓盡致。

有一次，柯立芝總統任期將滿時，聲明不再競選總統。當時，新聞記者們把他團團包圍，要他說明原因。一位記者還特別固執，非得要問出個究竟：「為什麼你不想再做總統？」

結果柯立芝總統很幽默地回答：「因為沒有升遷的機會。」

這個幽默不僅能給對方一個貌似正確的回答，還避免了很多不必要的麻煩，這就是幽默的智慧。

這種智慧不僅能讓自己快樂，也能讓他人開心，但前提是一定要注意幽默的尺度，如果把握不好，將玩笑開得太過分，不僅不能得到預期的結果，還會弄巧成拙，落個不歡而散，甚至傷到對方的自尊。

那麼，怎樣才能開好一個玩笑呢？

首先要注意的是，不能把自己的快樂建立在別人的痛苦之上，不能取笑別人的缺點，特別是生理上的缺陷。

還有一點就是要分清楚開玩笑的對象。有的人對開玩笑並不在乎，大家笑笑就完事了；但是有些人卻會耿耿於懷，甚至會當場惱羞成怒，弄得大家很尷尬。

最後一點就是不要開低俗的玩笑，特別是面對陌生人或者是有女性在場的時候，否則，你的玩笑不僅得不到對方的認可，還會落個庸俗的罵名。

林語堂說過：「智慧的價值，就是教人笑自己。」一個真正具有幽默感的人，會拿自己的缺點來開玩笑，同時也能夠「在別人取笑他之前，先取笑自己」。這在很多時候被稱爲自嘲，但是自嘲並非貶低自己，而是從趣味的角度看待發生在自己身上的種種。

最後還有一種能迅速感染對方的方法，那就是給對方愛，用愛來感動對方。

7 把自己放在煥發鬥志的環境中

人很容易受到環境的影響。人的天性中本來就有喜愛安逸、享受舒適的惰性。許多少年時滿懷壯志、朝氣蓬勃的人，最後之所以一事無成，大部分都是因爲在安逸的生活、環境中待久了，漸漸地失去了鬥志，喪失走出去拚搏的勇氣。再加上舒適的環境缺少激烈的競爭，人的思維能力和機變能力也漸漸變得遲鈍，失去了敏銳性，最終只能成爲環境的奴隸，庸庸碌碌地走過一生。

一個辦公大樓門口擺著一個很大的魚缸，缸裏放養著十幾條產自熱帶的雜交魚。魚長約三寸，大頭紅背，十分漂亮，惹得許多人駐足觀賞。

一轉眼兩年時間過去了，那些魚在這兩年時間裏似乎沒有什麼變化，依舊三寸來長，大頭紅背，每天自得其樂地在魚缸裏時而游玩，時而小憩，吸引著人們豔羨的目光。

有一天，魚缸被頑皮的小孩砸了一個大洞，待人們發現時，缸裏的水已經所剩無幾，十幾條熱帶魚可憐巴巴地趴在那兒苟延殘喘，人們發現只有院子中的噴水池可以當牠們的容身之所，便把那十幾條魚放了進去。

兩個月後，一個新的魚缸被抬了回來，人們都跑到噴水池邊來撈魚。撈出一看，人們大吃一驚，手足無措，原來僅僅兩個月的時間，那些魚竟然都由三寸來長長到了一尺！

人們眾說紛紜。有的說可能是因為噴水池的水是活水，魚才長這麼長；有的說噴水池裏可能含有某種礦物質；也有的說那些魚可能是吃了什麼特殊的食物。但無論如何，都有一個共同的前提，那就是噴水池要比魚缸大得多。

環境可以塑造一個人，也可以毀滅一個人。生活在一個益於成長的大環境，能使人更好地成長，更好地發揮自己的才能；而生活在一個不宜成長的狹小環境中，由於受環境影響，人們無法施展自己的才能，往往容易自暴自棄。

與其不斷地抱怨壞環境，不如主動地適應環境，或選擇環境，不斷創造有利於自己的條件。

在任何情況下，我們都應該把自己放在能夠煥發鬥志的環境中。只有這樣，才可以讓我們漸漸走上發展事業的道路。另外，這樣的環境也可以迫使我們慢慢克服自己身上的惰性，不斷地在壓力中面對挑戰，挖掘自身的潛力，開創出輝煌的業績。

星期日

健康的身心是信念的基石

如果有一天，我們的內心平靜得如同蔚藍的浩瀚海洋，
而且這種信念常駐於心中，永久銘刻，不會輕易地消失，
那麼無論我們走到哪裡、在做什麼，
心中總會有一片碧海青天，
所有的憤怒、怨恨、恐懼都溶解在這片蔚藍汪洋中，
無比清淨、沉澱，愉悅之感自會從心底油然而生。

放鬆，再放鬆

誰不想在週末好好放鬆一下呢？可是你知道放鬆的訣竅嗎？能夠嫻熟地放鬆，是世界上最美的體驗之一，這是走向靈性的偉大旅程的起點。因爲當人處於完全放鬆的狀態時，他的身體便不會再感到沉重。

像練習瑜珈，或游泳。如果你真的沒有時間或者懶得動，那麼這裏教你幾個簡單的身體放鬆技巧。

技巧一：放鬆你的肌肉

適用對象：工作壓力大及睡眠品質差的人

時間：每晚睡覺前做，持續三個星期以上

地點：家中

方法：

1.躺在床上，閉著眼睛，輕鬆呼吸。

2.從腳掌處開始觀看體內哪裏有緊繃，留意腳、腿、胃等。如果發現某處緊張，就一邊試著去放鬆它，一邊默念：「放鬆，放鬆，儘量放鬆，全然放鬆……」直到你感覺到放鬆爲止。

躺在床上，或者任何你覺得舒服的地方，閉上眼睛，做幾個深呼吸，想像當你吐氣時，把體內的鬱悶都吐了出來，然後通過你的深呼吸幫助自己進入放鬆。

接著，把注意力集中在鼻子上。當你感覺到自己的鼻子時，就把注意力轉移到右耳上，當你開始感覺到自己的右耳，就把注意力轉移到右腳上，然後依照同樣的方法，依次是左腳、左耳，又回到鼻子，依序是鼻子、右耳、右腳、左腳、左耳、耳、鼻子，反覆數次。

這個靜心的目的在於放鬆你的肌肉，進而放鬆你的身心。它可以使人深入地觀察自己的身體，同時有助於把注意力放在身體的循環感覺上，避免諸多思緒煩擾你。如果你是睡眠品質差的人，這幾個放鬆的靜心法門將會很有幫助。

不過，如果你需要工作，放鬆的練習就不適宜在早上做，最好是在睡前做。因爲如果一早起來就很放鬆，那麼一整天你都會處於很放鬆的狀態，甚至是懶洋洋的，這就不適合白天工作所需要的專注和積極力了。反之，晚上做可以把放鬆帶入你的睡眠中，睡眠的品質就會因此而改善，第二天早上起來也會感覺很精神、很有活力。

技巧二：放鬆，由緊至鬆

適用對象：工作生活壓力大或睡眠品質差的人

時間：晚上睡前做，持續三個星期以上

地點：家中床上

方法：

1. 躺在床上，閉目，一邊張嘴大口吐氣，一邊想像吐出體內的灰塵，然後靜靜地感覺全身。

2.準備好後，把注意力集中在鼻子上，一旦感覺到鼻子，就把注意力轉移到右耳上，當你感覺到右耳，就把注意力轉移到右腳上，然後依照同樣的方法，依次是左腳、左耳，又回到鼻子，反覆數次。

這也是一個放鬆的技巧，不過是反其道而行。一般的技巧都直接進入放鬆，這個技巧則是通過覺知緊繃來進入放鬆。

找一個舒服的地方平躺著，閉上眼睛。準備好以後，吸一口氣，把右腳緊繃，緊繃到不能再緊繃爲止，然後突然間放鬆，並大口呼氣。如果你此時忍不住想要發出一聲滿足的呻吟，那就呻吟吧！

接著是左腳。同樣，先吸氣，再盡情地緊繃左腳，感覺像是有繩子在大力地勒著，緊繃到不能再緊繃爲止，然後吐出一絲滿足而放鬆的呻吟。休息一陣子後，來到左手，接著是右手、臉。臉部可以多做幾次，因爲我們有太多的憤怒、悲傷都壓抑在臉部，尤其是顎關節。

想想看，當你生氣卻又不能發洩怒氣的時候，當你悲傷卻又不能讓自己哭出來的時候，是怎樣控制臉部的？我們會咬緊牙關，使自己的顎關節還有後腦勺極度緊繃，緊緊地控制自己的下巴，使別人看不出自己想哭。透過控制自己的臉部肌肉，我們壓抑了太多情緒。此時透過緊繃的辦法來鬆開臉部的顎關節、後腦勺、牙關，有助於幫助釋放這些壓抑的情緒毒素。

當用緊繃的辦法使自己放鬆，這些被久封於肌肉裏的情緒毒素就會被排出體外，使人在短時間內感到放鬆，那種放鬆就彷彿是爲你的肌肉注入了一股清涼之流！

技巧三：循環放鬆術

適用對象：壓力大者、失眠者

時間：每天睡覺前做一次，二十至三十分鐘，持續三個星期以上

地點：任何感覺舒適的地方

方法：

1.平躺，閉上眼睛。準備好以後，先把右腳緊繃、緊繃、緊繃，緊繃

到不能再緊繃爲止，然後突然間放鬆。依次緊繃放鬆左腳、右手、左手、臉等全身的各個部位。

2.全身都循環一遍後，讓身體自然地平躺成大字形，徹底地放鬆。

3.起身時先動動手掌、腳掌，將身體側向一邊，再慢慢地起身，切忌驟然起身。

你也可以躺二十到三十分鐘，起身的時候先動動手掌、腳掌，將身體側向一邊，再慢慢地起身，千萬不要太快起身，因爲此刻你的身體處於極度放鬆的狀態，身體是無力的、遲緩的，需要你溫柔地對待它。

附加練習：結束放鬆的技巧

學會讓自己放鬆雖然很重要，但懂得結束放鬆的技巧也很重要。如果放鬆的程度輕微，那影響可能不大，直接停下來即可；但如果已經進入深沉的放鬆狀態卻直接中斷，則可能引發一些不舒服的感覺，例如頭暈、四肢無力等。特別是從完全寧靜的狀態下直接站起來，反應更是明顯，雖然這樣的反應通常都是暫時的，但是能加以避免最好。但如果放鬆練習是爲了幫助睡眠，那就讓自己自然地睡著即可。

將注意力放在自己的呼吸上，繼續均勻、放鬆地呼吸，在吸氣的同時告訴自己：「我覺得自己越來越清醒，越來越有活力。」重複至少五次，並想像自己充滿活力的樣子。在此階段可以慢慢地睜開眼睛，並慢慢地動一動手掌、手腕、手臂，再慢慢地轉動脖子，輕輕地動一動腳掌、腳踝、小腿、大腿，慢慢地轉動我們的腰，直到覺得自己已經清醒了再站起來。

2 清除大腦的垃圾

大部分腦力工作者都很少有機會與心靈溝通，因爲他的大腦在工作時需要高速運轉。而且通常工作時間越長的人，越是在休息時間大腦停不下來，比如看電視、流覽網頁時，大腦依然在不斷地接收資訊。一個人過分偏向於大腦的使用，整個人就會變得很冷漠，缺乏愛心。

如果你覺得你的日常生活太過於側重腦部工作，是一個極度使用頭腦、過分理性的人，甚至不喜歡自己太感性，那麼這個技巧可幫助你找到頭腦與心之間的平衡。如果你希望讓自己的感覺變得敏銳一些，多爲生命的多彩多姿所觸動，或者，內心其實常常充滿了恐懼和不安，這個技巧也推薦給你。

首先，**緩和臉部的緊張**。

有些人慣於故意板起面孔，臉部表情冷漠，他們不願別人看到自己的內心活動；有些人很易怒，小事一樁也如臨大敵一般，以致臉部容易抽搐，顏面神經失調；也有些人長年累月臉部表情如一，不哭不笑，甚至連眼神都似乎呆滯不動。

過分控制自己的面部表情，會壓抑各種情緒，讓自己的臉完全失去表達感覺的能力。沒有人可以從你臉上看出你的感受，你將失去多少樂趣啊！如果你去觀察小孩子，你會發現，他的開心和不開心都寫在臉上，表情特別豐富，整個人都很活躍開朗，所思所想一目了然。

所以，建議你做個緩和臉部緊張的靜心法，紓解緊繃的面孔，大膽呈現出真實的自己。這個方法不會耗費很大的力氣和時間。

1.每天晚上在睡覺之前，坐在床上，開始做鬼臉，就像小孩很喜歡做的那樣，好看的、不好看的、很醜的、很美的，這樣整張臉的肌肉都會動起來。發出一些聲音，各種無意義的聲音都可以，還要搖擺身體十到十五分鐘，然後去睡覺。

2.早上在洗臉之前，站在鏡子前面，做十分鐘的鬼臉。站在鏡子前面，你可以看，也可以回應。看到自己可愛的樣子，會使你對自己產生自信：原來我也可以這麼可愛。對生氣中的自己莞爾一笑，這又會令人感到一整天的愉悅，進而放鬆臉部的肌肉。

同時，臉部和頭腦是息息相關的，由於我們的頭腦常常處於緊張的工作狀態中，而百分之八十的緊張都呈現在臉部，因此臉部的放鬆是很重要的練習。當你放鬆了臉，頭腦也會跟著放鬆，於是整個人也會輕快許多。

所以，每天早晚花十分鐘做鬼臉，叫出聲音，像小孩子一樣地去享受。兩三個星期後，臉部的緊張線條就會大有改善。

其次，**擺好你的手，放鬆你的腦**。

每天，我們的大腦都在不眠不休地為我們日以繼夜地工作著。白天裏，想著工作如何做得更好、和朋友的人際關係如何處理、賬單要怎麼繳、買東西如何比價錢、如何使自己變得更有身價、小孩的問題、車子的問題⋯⋯白天想不完的事，到了半夜，你不知不覺的情況下，頭腦仍在繼續為你忠實地操控著想念：和婆婆大吵一架——白天沒有勇氣做的事；買到了名牌包——平時不敢買的東西；熱烈地抱著心愛的人說綿綿情話——事實上，心愛的人快要和別人步入婚禮殿堂了；繼續做著白天做不完的工作——清醒之後發現什麼都沒有進展……

大腦的工作量實在是我們無法想像的，尤其是現代人，對於腦部的訓練過分重視，人腦其實是最精緻最細膩的結構，現在卻要攜帶這麼多的焦慮、負擔，難怪人很容易崩潰抓狂。因此，放鬆是必要的。想要彈出優美的音樂，弦就不能太緊，不然會斷掉。

下面向大家推薦這個能夠有效放鬆腦部的靜心法，給想要放鬆腦部及需要放鬆腦部的人。如果一天中任何時候覺得腦部壓力特大、負擔特重、異常疲倦，需要讓腦部有一點溫柔的恢復，那麼這個技巧就很適合。

把雙手手掌搓熱，然後把手掌根的地方輕放在眼窩上，手掌順著額頭貼著。這樣維持大約十五分鐘的時間。身體的姿勢沒有特別的要求，舒服就行了。

在睡前做的話，能促進睡眠。當你做這個技巧的時候，儘量讓自己的心情也放鬆下來，也就是說，不要一邊放鬆你的腦，一邊又緊張兮兮地命令它工作，這樣就會失去效果。

其實，手的擺法只是一種提醒，手的存在會觸動腦部和眼睛的放鬆系統，使之更好地運作，你也許曾經觀察到：當小孩子睡不著時，若把一隻手很溫柔地放在他的背部或頭部，他很快就可以安詳入睡，睡得又香又沉。

當一隻溫柔的手放在你身上的時候，你會感覺到那是一種很深的聯結，並馬上感到你並不是一個人，你不孤單，那是一種極深的安全感，就像母親溫柔地撫摸我們；在我們不安、不舒服的時候輕拍我們，總是能使我們被愛的渴望得到滿足，那是一種安然的幸福感。因此，你的手帶著什麼樣的質感和情懷放在那裏，是很重要也很關鍵的。

這個技巧，可以自己做，也可以兩個人互相做。自己做的話，有時候會手酸；如果兩個人互相做，就可以盡情地放鬆了。不過，兩個人互相輪流做的時候要更小心，要記住，當你把自己的手放在對方的身體上時，對身體和心理來講，這都是一種很親密的接觸。因此，不要潦潦草草，不要心不在焉，不要把自己的情緒垃圾倒給對方。

你也許會想：我只不過是把手放在那邊而已，他怎麼會知道我的情況？不，對方一定會知道，我們不是只有眼睛可以看，身體的感官感覺、心的感覺，同樣具備看的能力和感受的能力。這也是爲什麼有時我們去接觸一個人，會莫名地感到不安，甚至起雞皮疙瘩。這就是身體的智慧、心的直覺，它超越了理智的範圍。

最後，**再進一步做一個靜心，清除大腦的垃圾**。

我們稍加留意，就會發現人類的大腦就像一個無所不包的容器，好的、壞的、高興的、沮喪的、記憶、期望……全都被我們自己毫無過濾地往大腦裏塞。確切地說，大腦就像一個垃圾桶，不斷地接收外在的雜物，卻不會自動把垃圾清除。

與日俱增的訊息使大腦變得亂紛紛的，因爲這些垃圾導致了腦部交通堵塞，導致腦細胞無法暢通無阻地交流，因而每個腦細胞都在嘶聲力竭地大喊，互相吵雜，如此亂成一片，大腦自然就會緊張起來。加上外在的刺激不斷，現代人的大腦不可避免地充滿著亢奮的情緒。三更半夜仍有不計其數的「夜貓子」在電腦或電視機前上躥下跳，全無睡意，有時候甚至躺在床上許久，綿羊數到不計其數，卻仍無法入眠，這是因爲頭腦還處在緊張、興奮的狀態中，它還在繼續活動著：消化這天吸收的資訊、處理沒有理清的事情，這會讓人覺得自己的頭腦裏裝滿了各種各樣的「垃圾」。

大腦裏日復一日堆積保存下來，固執不肯捨棄的，往往都是令人煩惱的雜念，讓人悲觀，讓人痛苦，讓人消極甚至絕望。這些雜念，有時候就好像已經被砸碎的破缸，明明沒有任何用處，我們卻還小心翼翼地收藏著，背在身上，讓前行的腳步變得沉重。一不小心，那些碎片還可能割傷自己，弄得自己傷痕累累。

電腦的回收站裝過多的垃圾檔會使電腦運行不暢，同樣，人的大腦如果充斥了過多的垃圾，也會阻塞大腦。

以下這個靜心技巧便是清除腦中「垃圾」的良方。

1.每天晚上臨睡前，花四十分鐘的時間，找一個角落或空白的牆壁，面對著它，開始說話，腦袋中有什麼思緒，就說什麼話。

2.你可能會說出這樣的話：「噢，我覺得好煩喔，又睡不著了……旁邊的老公打著豬一樣的呼嚕聲，二十年來一直都這樣……如果家用可以多一點就好了……咦，他二十年前也是這副德性嗎？我爲什麼會嫁給他？」

另一個聲音：「想那麼多幹嘛？還是想想明天的工作比較要緊！對喔，工作……唉，我巴不得換工作，連年終獎金都沒有，這公司沒希望了……我好想買個名貴的包啊……」這個好似雙人對話的方法能幫助你清除大腦中的垃圾，釋放壓力，使你感覺一身輕。通常照此方法做，不消一盞茶的工夫，你就能很放鬆地入睡。

3 信念可以戰勝疾病

想像對人的身心反應有不可忽視的作用，這種作用的積極方面可以保持心理健康。也就是說，在工作和生活中，遇到不好的事情時，你不妨張開想像的翅膀，通過想像緩解壓力、戰勝困難。

許多真實的醫學病例表明，自身的信念力對病人具有巨大的影響。很多病人非常害怕麻醉藥的效力，甚至在沒有打麻醉藥前，就已經嚇得昏迷不醒了。若不想讓病人這樣，可以嘗試對他們進行有效的安撫，以緩解他們的精神壓力。

有個少女同未婚夫到電影院看電影，突然昏厥，幸虧未婚夫是個醫生，他馬上從口袋裏掏出個小東西遞給未婚妻，並低聲告訴她：「這是藥片，把它含在嘴裏，但不要咽下去。」

她照做了，很快就感覺好多了。

回家的路上，這位少女感覺很奇怪，因為藥片治好了她的病，含在嘴裏卻一點兒也沒有融化。她吐出藥片，仔細觀察後，才發現那個「藥片」竟然是一枚小鈕扣。

病人信念的喪失要比身體的垮掉更可怕。只要病人還有積極的信念，就能保持康復的信心，而不會對病情心灰意冷，身體自然很快就能康復。

4 保持年輕的心態

一個人的生命從年輕到衰老，是無法抗拒的自然規律，想而要延緩衰老，就需要保持年輕的心態。

科學研究表明，人的生理機能對人體的各個器官有著極其微妙的作用，它可能延緩機體的衰老過程。延緩生理的衰老，就是要從心理消除衰老，就是「忘老」，保持年輕的心態。

年輕的心態會驅散衰老的念頭。如果感覺到自己生理機能在不斷運行、持續更新，你就能保持年輕和活力。

高尚的情操和崇高的信念是永保青春的秘密所在。只要心靈保持著對更加美好、崇高和高貴的事物的渴望，衰老就不會發生。

生命應充滿喜悅，年輕是喜悅的近義詞，如果我們不熱愛生活，就無法感到活著是件快樂的事。

要以愉悅的精神狀態投入生活，心懷年輕的信念，才能不受年齡增長的影響。當我們開始考慮年齡時，就會聯想到虛弱、衰老和缺陷，而不會想到健康和活力四射。當你聯想自身時，應當爲自己描繪出一個年輕、健康和精神充沛的形象。多想想健康，多感受下縈繞在你周身的年輕活力。

你若想保持年輕，就一定要摒棄那些危害年輕的東西——沒有比自認爲已經老了，喪失對任何事物（**特別是對年輕人的娛樂活動和生活方式**）的興趣更能危害人的年輕了。

有人向一位鶴髮童顏的老人討教保持年輕的秘訣。這位老人回答說，過去三十年間，他一直擔任一所高中的校長，他喜歡走進學生當中，並成爲與學生們志同道合的夥伴。

從這位老人的話語中，我們發現他內心拒絕年老的暗示，這種信念讓他一直過著年輕樂觀的生活，保持著迷人的樂觀天性。

不斷地對自己說：「我很年輕，我的思想、我的心態不會讓我變老，年齡也拿我無可奈何。」

七十多歲才開始寫作的山繆．尤爾曼，在作品《年輕》中這樣寫道：「年輕，不是人生旅程中的一段時光，也不是紅顏、朱唇和輕快的腳步，它是心靈中的一種狀態，是頭腦中的一個意念，是理性思維中的創造潛力，是情感活動中的一段勃勃生機，是使人生春意盎然的源泉。」保持年輕的心態，青春就不會離我們遠去。

5 身心健康的靈丹妙藥

美國聯合健康集團公布的一項調查結果表明，精神信念是年逾百歲的老人經常提到的長壽秘訣。在對一百名年齡在一百到一百零四歲的老人的調查中發現：百分之二十三的人認爲，信念比基因和醫學療養更有益於長壽。

心理學家指出：信念是人們的精神支柱，也是人們身心健康的靈丹妙藥。一個人如果有非常堅定的信念，就可以提高身體的免疫力。因爲信念可以使人的精神經常處於平衡的狀態，從而使內分泌和消化系統保持正常的功能，減少疾病的發生。

古往今來，曾有多少人在逆境中憑藉堅定的信念獲得重生，並創造出豐功偉績。不論是年輕人還是老年人，只要具有矢志不移的信念，就一定能從困境中自我解脫。

每個人的精神世界都會有一種信念支撐著自己的生活，使自己不斷地追求夢想，最終實現自己的目標。有些人並不知道在自己的心靈深處有信念的存在，可一旦知道自己在世的時日不多，便會極大地調動起心靈深處的那股信念，進而勃發出超人能量。

爲了豐富我們的精神世界，使精神信念更加堅定，無論白天有多少煩惱，在臨睡前一定要調整自己的狀態，讓自己保持心情安定、精神安寧。

心理學認爲，白天精神的亢奮或放鬆，會一直持續到夜晚，直到睡覺前仍處於慢慢消退的狀態，但在我們進入無意識狀態之前，思想仍然控制著精神並對它產生影響。

我們都知道，臉上的皺紋以及其他顯示身體衰老的跡象，是在睡眠狀態中出現的。這說明，睡眠時的精神狀態深深影響著人的身心健康。

生活節奏越來越緊張，很多人習慣了白天辛苦工作，晚上還要加班。即使到了晚上該休息的時候，許多人還沉浸在白天工作的亢奮中，在夜幕降臨時大腦仍無法安靜下來，所以他們總是輾轉反側地睡不著，把自己搞得筋疲力盡。

這些可憐人，他們的注意力完全放在了工作上，他們不懂得如何放鬆、休息，即使躺下，滿腦子也全是亂七八糟的公事，就像一頭躺在沙漠中休息的駱駝，疲倦卻不能卸下背在身上的沉重貨物。

這樣一來，他們的身體沒有通過睡眠得到很好的放鬆，疲倦和勞累沒有得到很好的恢復，起床後會感到異常疲憊和衰老；相反，如果他們的睡眠品質高，起床後就會感到輕鬆愉悅、精力旺盛，對新一天的工作會充滿信心和力量。

由此可見，良好的睡眠有助於保持健康、高漲的情緒。爲睡眠做好精神準備，比爲它做好身體準備還重要。

首先，試著從困擾了你一整天的繁雜事務中解脫出來，爲夜晚的睡眠做準備，及時清除精神垃圾，把所有的黑暗、挫敗和失序感統統轉變爲明快、信心十足的心情。

儘管人在極度憤怒時，會難以避免地對他人產生敵意，但你不能在氣消後還保留那種敵意，並且因爲敵意積聚心頭而無法入睡。你耗不起，因爲憤怒的成本太高——生命太短暫，時間太寶貴。你不能將它們耗費在無意義、有損身心健康的行爲上。每天抽出一小段時間，與周圍的世界和諧共處。不能允許那些破壞你幸福的敵人，在你睡覺時還慢慢腐蝕你的精神。

如果消除不愉快和痛苦，對你來說是件很難的事，那麼，有個辦法可以緩解一下：強迫自己去讀些讓人精神振奮的好書。好的作品會使你心情舒暢，並且能夠向你展示生命的神聖和美麗。這些都會讓你爲自己的無病呻吟和狹隘而感到羞愧。

努力讓自己的心靈充滿對快樂的記憶和對未來的嚮往。只要一想到自己渴望成爲的那個人，你的內心就會充滿幸福和力量。牢牢把握你最引以爲豪的品質，緊緊盯住你最嚮往的人格——淵博、寬厚、深刻、慈愛，這些才應該是你希望具有的品質。

6 從改善不合理信念開始

我們經常會被一些事情弄得很不開心，進而產生不合理情緒。我們認爲，不合邏輯的、不合理的信念是一個人產生情緒困擾的主要原因，對它處理不當，就會產生各種心理問題，就不能快樂、滿足地生活。那麼，主要是哪些不合理信念給人們帶來麻煩的呢？

◎在自己的生活環境中，每個人都絕對需要得到其他重要人物的喜愛與讚揚？

不合理——我們不反對人需要別人稱讚與喜愛的觀點，而且認為能夠得到生活中重要人物的喜愛與稱讚是一件好事。但如果把這當作是絕對的需要，那就是一種不合理觀念，因為它是不可能實現的。假如一個人相信這種觀念，就會花很多的心思與時間去取悅他人，以求得對自己的讚賞。這樣不但會使人喪失自我，使自己沒有足夠的時間去追求其他快樂，也會使人喪失安全感（**如時時擔心能否被別人接納或接納的程度如何**），結果只能令自己感到更加失望、受挫、沮喪。

◎一個人必須能力十足，至少在某方面有才能、有成就，這樣才是有價值的？

不合理——一個理性的人，凡事會盡力而為，但不會過分計較成敗得失，因為重要的是參與過程而不是結果。如果要求自己十全十美，或過分要求自己在某一方面取得成就，為自己制定無法達到的目標，那只會讓自己在自己導演的悲劇中徒自悲傷。

◎有些人是壞的、卑劣的、邪惡的，他們應該受到嚴厲的譴責與懲罰？

不合理——每個人都會犯錯誤，責備與懲罰不但於事無補，還會使事情更糟。所以，對犯錯誤的人，我們要做的是接納、幫助他，使之不再犯錯誤，而不能因此否定他的價值，對其採取極端的排斥與歧視態度。

◎事不如意是可怕的災難？

不合理——一個理性的人應該正視不如意的事，尋求改善之法；即使無力改變，也要善於從困境中學習。

◎人的不快樂是外在因素引起的，人不能控制自己的痛苦與困惑？

不合理——外在事物並不能傷害我們，反倒是我們自己對這些事物的信念與態度讓自己受到了傷害。只要我們嘗試改變和自己有關的非理性思維內容，就可以有效地改變自己的情緒狀態。

◎對可能（或不一定）發生的危險與可怕的事，應牢記在心，隨時顧慮到它會發生？

不合理——考慮危險事物發生的可能性，計畫如何避免，或思慮不幸事件一旦發生如何補救，不失爲明智之舉。但過分憂慮，反而會擾亂人的正常生活，使生活變得沉重而缺乏生機。

◎對於困難與責任，逃避比面對要容易得多？

不合理——逃避困難與責任，固然可以得到暫時的解脫，但會因貽誤時機而使問題變得越來越難以解決。所以，理性的人會通過實際的行動增強自信，使生活過得更加充實。

◎一個人應該依賴他人，而且依賴一個比自己更強的人？

不合理——由於社會的分工、個人經歷的多寡、聞道的先後等原因，有時我們確實需要他人的幫助，此時，若爲了證明自己的所謂價值而拒絕他人的幫助，反而是不明智之舉。但這並不能成爲我們時時事事都依賴他人的理由。在生活中，任何人都是具有獨特價值的個體，在大多數時候，我們需要獨立面對生活中的種種問題，所以，獨立自主能力的發展對一個人的成長至關重要。

◎一個人過去的經歷是影響他目前行爲的決定性因素，且這種影響是永不可改變的？

不合理——無可否認，過去的經歷對人有一定的影響，有的影響還比較大，但這並不是說它們能就此決定一個人的現在與未來。人是可以改變的，只要我們善用自己的能力和機會，就可能突破這種限制，使自己的現在與未來充滿希望與生機。

◎一個人應該關心別人的困難與情緒困擾，並爲此感到不安與難過？

不合理——關心別人是一種美德，但我們要做的不是爲別人的困難與不安感到難過，而是幫助他們直面困難與情緒困擾，並早日走出陰影。

◎遇問題都應有正確而完美的解決辦法，如果找不到辦法，就是莫大的不幸？

不合理——世界上有些事物根本就沒有答案，凡事都要追求完美的解決是不可能的。追求完美只能是自尋煩惱。

7 需要改變的是心態

幾乎所有偉人都用敬佩的眼光看孩子。孟子說：「大人者，不失其赤子之心者也。」巴斯卡說：「智慧把我們帶回到童年。」在偉人的眼中，孩子的心智尚未被歲月扭曲，保存著最寶貴的品質，值得大人們學習。

每個人在童年時都是快樂的，越長大煩惱就越多。很多人抱怨生活得實在太累，太不容易，既要看別人的臉色，又不能被別人揣摩出自己的意圖，即使不喜歡這種虛假的生活，也還要無奈地堅持。在這紛繁複雜的世界中，我們需要停下來，留下片刻的時間學著做個孩子，像孩子一樣思考，過濾事物外部的紛雜；像孩子一樣看問題，看到事物單純的本質。你會發現，世界總如陽光般明澈，原本棘手的問題是如此簡單。

很多時候，我們需要有孩子那種單純的執著。當孩子看到一顆十克拉鑽石和一個玻璃球時，孩子往往不會挑鑽石，因爲他認爲玻璃球更好玩，僅此而已。

愛默生說：「任何事物都不及偉大那樣簡單，事實上，能夠簡單便是偉大。」與大人相比，孩子知識相對缺乏，但是他們富於好奇心、感受性和想像力，這些正是最寶貴的精神品質，因此孩子們能夠不受習慣的支配，用全新的眼光看世界；與大人相比，孩子閱歷缺乏，但是他們誠實、坦蕩、率性，這些正是最寶貴的心靈品質，因此他們能夠不受功利的支配，做事只憑真興趣。

保有一顆童心，即使是在喧鬧的大街上也能聽到自己想要的聲音，留住童心就等於留住了一種好的心態。當你的耳朵聽慣了金錢的撞擊聲，聽慣了上級的命令聲，聽慣了下屬的恭維聲，那麼它對生活本身隱藏的那些美妙聲音的感受力就會變得無比遲鈍；當你的眼睛戴上有色眼鏡，看到的是滿眼的灰色，生活中美麗的彩虹就無法進入你的視線之內。其實生活不是沒有激情，青春不是已經流逝，而是你的心已經老了。

也許貧困和厄運不能將你擊倒，但是精神和心境的疲倦卻能讓你站不起來。本來各方面的環境都不錯，然而你卻常常心生厭倦。當你工作著的時候，你渴望過一種自由自在、肆意放鬆的生活；當你真正無所事事時，你又企盼著工作時的那份充實和忙碌；等到工作時，你又會覺得還是不工作好……如此反覆，你永遠都不能像孩子那樣對生活充滿激情。

很多時候，迷茫和猶豫大都源自複雜的思考方式。因爲在孩子眼裏，沒有世俗，沒有羈絆，有的只是純淨的快樂。人的青春在於激情，人年輕時對什麼都有鬥志，可是生活的重壓卻讓人覺得透不過氣。此時，請你像孩子那樣去思考，因爲孩子眼裏滿是驚奇。

簡單地思考問題，簡單地生活，簡單地用一顆純淨的心來對待每一個人。孩提時，我們就像一張白紙，一片空白，沒有受到任何塗鴉，所以思考問題的方式也比較單純，想得比較簡單。但是隨著年齡的增長，閱歷一天天豐富起來，受到各方面的影響越來越大，於是，思考模式就變得複雜了。長大後的我們思考問題時，會想前想後，會顧左顧右，會考慮到問題周邊的任何一個小細節，會設想問題產生的後果，會……有時，顧慮多了反而會事與願違。

還記得童話《國王的新衣》嗎？那些愚昧的大臣們，那些膽小的百姓們，明明知道國王什麼都沒有穿，但是個個都不敢言，只有一個純真的孩子道出了事實的真相，說出了大多數人不敢說的內心話。人生需要的不正是這樣的純真嗎？

回過頭來反思自己，身爲成年人，在同樣的事情面前，能否保證做得一定比孩子好？很多時候，我們需要停下來，學著做個孩子。

8 給自己的形象加分

個人形象是一個人最主要的自我表現。

週末的時候，很多人會選擇去逛街購物。那麼，你給人一種什麼樣的印象？給人什麼樣的感受？你希望別人看到你以後有什麼感覺？你不在的時候，別人會如何談到你？別人疏遠你是否與你的形象有關？

在我們的身邊，那些穿著整潔、言行舉止彬彬有禮的人，我們都很願意跟他們交往；而那些不在意衣服上的污漬，留著髒兮兮的長髮，在公共場合滿口髒話的人們，雖然他們能贏得人們的目光，但那絕對不是讚許的目光，那種人只會讓人感到反感和厭惡。

雖然這是個張揚個性的年代，是個崇尚自由的年代，即使你把自己打扮成怪異的模樣，別人也管不著。然而，別人對你的印象好壞，直接決定了他們與你交往的態度和方式。只有被人認可的形象才能令人產生更多的好感和信任感。

人們往往會通過著裝等外在形象來判斷一個人是否成熟可靠。在工作中，如果你的形象不能給人信賴感，即使你的能力再強，對方也會猶豫不決；在戀愛中，如果你的形象不能給對方親切感，即使你再獻殷勤，對方也不會輕易對你產生好感。缺乏良好的第一印象會讓你失掉很多表現才華的機會，也會讓你與美麗的愛情失之交臂。

有時候，一件事能不能辦成，一個人能不能成功，不僅取決於他的學歷和能力，與他的形象也大有關係。事實上，許多明明很優秀的人，只因形象不盡如人意，就在工作和生活中被人否定，確實很可惜。

有一個穿著不太講究的年輕人，總是喜歡一件衣服穿到底。他到朋友家玩，朋友給他提出了十分中肯的意見，「你長得挺帥的，為什麼不找件乾淨衣服穿上呢？別人看著也舒服。」

這個年輕人不以為然，開玩笑地說：「我才不在乎誰說我呢？我的朋友不會在乎，在乎這些的不是我的朋友！你可別指望我打扮給你看！」

這時候，朋友的妹妹回來了，年輕人一下子就對這個漂亮的女孩產生了好感。他努力要跟女孩多說幾句話，可女孩只是禮貌地回答了幾句就進了房間。

之後，年輕人動不動就往朋友家跑，他知道自己已經被那個女孩迷住了。他認為自己夠幽默、夠熱情、夠聰明，可女孩似乎總是迴避他，這讓他百思不得其解。

一天，年輕人從朋友家告辭後，發現手機忘了拿出來，只好回頭去拿，剛準備推門進去拿的時候，他聽到女孩正不耐煩地問哥哥：「這個常來我們家的邋遢鬼到底是誰啊？」

年輕人感到臉上火辣辣的，自尊心受到了嚴重傷害。回到家後，他第一次有意識地照了鏡子，第一次認真地審視了鏡子中那個邋遢的自己。

因此，不要認爲自己隨意就好，不要自我安慰地說「個性就是美」。

我們都生活在社會大環境中，誰也不可能孤立地存在。有時候，我們必須迎合大眾的需求和審美觀，得到大眾的認可。

塑造美好的形象並不僅僅是為了取悅別人，更是為了讓自己有一份好的心情，有一種好的生活狀態。好的形象讓人更願意接近你，當獲得別人認可和欣賞的時候，你的生活也添加了更多的機會；好的形象讓你對自己更加滿意，進而對生活充滿熱情。

一個人的形象不僅包括外在的穿衣打扮，更重要的是人的內在氣質和涵養。

有些成功者一眼就能讓人看出他的與眾不同。「他看起來就像個企業家！」「他看起來就很有魄力！」「他看起來就很棒！」在這些成功人士身上，總是有著不同於別人的魅力和氣質。

一個人形象的好壞，雖然不能在成功的道路上起到一錘定音的關鍵作用，但是卻能決定你在他人心中受歡迎的程度。

選舉的時候，別人會因為你「看起來像個」領導，而考慮投你一票；

領導提拔人才的時候，會因爲你「看起來像個」可塑之才，而考慮提拔你；跟客戶談判的時候，對方會因爲你「看起來像個」可靠的人，而考慮跟你合作。

因此，任何時候，你都要把自己裝扮得「看起來像個」成功者，讓自己早點進入成功的狀態。不要對此不屑一顧，至少讓你獲得三個好處：

增加自己的信心

當你像成功者那樣思考、像成功者那樣做事、像成功者那樣說話時，你會很強烈地感受到，你自己就是個成功者。這種感覺能夠激勵你像成功者一樣努力。

獲得他人的認可

有能力的人容易受人尊敬，但當你的能力沒有展現出來的時候，你就得用形象來爲自己博取「人緣」。那些「邋遢鬼」，即使再有能力，也無法受人喜愛。想想那些廣告商們爲什麼千方百計要選擇一些形象靚麗、健康、陽光的人爲產品「代言」吧！

為自己爭取更多的機會

雖然成功者的外貌神態各有千秋，但他們必定有一些共同的特點：充滿激情、精力充沛、果斷幹練等，舉手投足間都有一種「領袖氣質」，給人一種「靠得住」的感覺。沒人願意對那些不修邊幅、萎靡不振的人委以重任。

很多人沒有「形象意識」，也就是說沒有評估過自己的形象價值。他們從來不考慮自己在他人心中的印象如何，堅信一句名言「走自己的路，讓別人說去吧」。從衣櫃裏找到哪件衣服就穿哪件，皮鞋從買回家到穿壞了扔出去從來就沒擦過，在公共場所毫無顧及地吐痰、喧嘩……「反正別人也不認識我！」這樣的人，「一看就不像」成功的人。

還有一些人喜歡沉浸在「自我感覺良好」的穿著中。比如一些二十多歲的女孩子，無論是工作還是休閒，永遠是一身稚氣的娃娃裝，頭上永遠都是幼稚且色彩鮮豔的髮飾，在眾人面前做「淘氣可愛」狀。她們把自己的形象定位於「稚嫩」，這種形象本身沒有錯，錯就錯在它與職業（幼稚教育除外）欠缺協調。還有一些男孩子喜歡強調個性，他的「個性」就是裝酷，遲早也會吃虧在自己的「裝酷」上。

一周回顧

你相信什麼，你的世界就是什麼

為什麼要去害怕和擔心？為什麼總是杞人憂天？

為什麼我們不能相信自己？

每個位置都有所需要面對的困難，

與其如此，為什麼不做回原來的你呢？

強大的信念，來自於內心。

只有你的內心強大了，你的意志才會堅定；

只有內心強大了，你的夢想才會一直閃光；

也只有內心強大了，你才能做到為自己而活。

1 建設的星期一：帶著自信的微笑

心情：經過一個周休二日後，星期一早上，你要麼是比平時醒得早一些，要麼反而更睏。你換上套裝走出家門，第一輛計程車經過你身邊時居然沒有停，於是上車的時候你的臉色不太好看。進了辦公室，你的同事告訴你，老板正找你。你瞥一眼這位傳話的同事，心想：哼！準沒好事。於是，你的心情變得更加惡劣了。老闆說你上星期做的某個計畫還不夠完整，需要做一些修改和補充。回到自己的座位，你打開那個倒楣的計畫，久久地難以進入狀態……

心態：休假時你做了什麼、想了什麼、心情又是怎樣的，這都不是問題的關鍵所在，重要的是，你要學會採用一種建設性思維去面對未來一周的第一個工作日。如果你是單純的上班族，尤其要注意區分工作與休閒的界限，不要沉溺於一些無謂的情緒中。星期一早上出門前，你可以這麼告訴自己：新的工作正在等著我，從現在開始，收起昨天的喜怒哀樂，調整心態，去迎接各種各樣的挑戰。

劍橋大學一位德高望重的老教授在一批學生臨近畢業時，忽然患了眼疾，「失明了」。學生們紛紛前來看望，教授問每一個來看望他的學生：「告訴我你究竟是誰？從什麼地方來？學什麼專業？小時候幻想幹什麼？畢業後準備到什麼地方去？將來準備做什麼……」

學生們見老教授在眼睛失明之後居然這樣關心他們，都很感動，就把各自的具體情況和想法如實地告訴了老教授。老教授一邊聽一邊連連點頭，不時地說著「好」、「很好」、「再說一遍」、「你很瞭解自己」、「你目標明確，好好實踐吧」之類的話。

與學生們分手時，他又一一握著學生們的手，異常親切而語重心長地說：「我知道你是誰了！不過，今後的漫長歲月裏，你千萬不要忘了自己是誰啊！」

有的學生感覺怪怪的，偷偷地對其他學生說：「老人家的眼睛一瞎，思維也好像不太清晰了，有些嘮叨了。」

誰知，在學生們畢業離校的前一天，老教授的眼睛又「奇蹟般地」復明了。他在送別會上對學生們說：「在我雙目失明、意志消沉的時候，是同學們的關懷和激勵讓我重新心明眼亮了！我也給那些曾經看望我的同學精心製作了一件禮品——我們的談話錄音。在今後的人生旅程中，當你們失意的時候、迷茫的時候、不知所措的時候，就聽聽這段錄音帶吧……」

直到這時，學生們才真正領悟到老教授的良苦用心。

在現實人生中，許多人一輩子也沒真正關注過自己，甚至沒弄清自己是誰、是幹什麼的。「你到底是誰」，其實是一個關乎心靈走向、關乎事業抉擇的人生命題。

要想成功，我們首先要正確地認識自己，客觀地看待自己。不能過高地評估自己，姿態高了，無論是站著還是坐著，都不會舒服；寧肯在別人面前卑微地放低自己，一直埋頭到泥土裏去，然後驕傲地開出一朵小花來。

接著，要學會確定自己的目標，堅定自己的夢想。這一路上，難免有挫折，難免有冷嘲熱諷，難免會搖擺不定，然而，只要你一直堅持在夢想的道路上，你總會看到燦爛的陽光。

有一隻小老鼠總是愁眉苦臉，因為牠非常害怕貓。天神非常同情牠的遭遇，便施法把牠變成了一隻貓。

老鼠變的貓又非常害怕狗，於是天神又把牠變成了狗。但牠又開始怕老虎，天神就讓牠做了老虎，但牠又整天害怕會遇上獵人。

最後，天神只好把牠又變回了老鼠，並且說：「不論我怎麼做都幫不了你，因為你擁有的只是老鼠膽。」

其實我們每一個人都像是一隻小老鼠，「貓、狗、獵人」就像是我們心裏的恐懼，最初是害怕社會的現實；當有一天你現實了，你又害怕被老闆炒魷魚；當你的座位坐穩了，你又擔心房貸會越來越高。於是你大呼，活著還有什麼意義？

所以，從現在起，請爲了你自己而活，帶著自信的微笑，懷著美好的夢想，讓你的夢想一路伴你前行。如果你還能回到純真的童年，你小小的手抱著大大的書，你可不可以告訴大人：「我要好好讀書，爲了我自己讀書，爲了我的夢想而讀書。」

2 淡泊的星期二：走自己的路，讓別人說去吧

心情：對大部分人而言，這一天的心情會相對複雜一點，似乎處於一種「剪不斷，理還亂，乾脆不剪也不理」的心態。

心態：剛剛挨過緊張、紛雜的星期一，很多事情好像都缺乏一條清晰的脈絡，結局是否能如願以償？其間會不會生出意外的變化？計畫是否周詳？與實施方案的偏差是否會超出常規標準……一連串的未知數，有意無意地在困擾著你。

偉大的義大利詩人但丁說過這樣的一句話：走自己的路，讓別人說去吧。意思就是自己認定了方向，便要下定決心走自己的路，別人說什麼都不要動搖。

在我們的人生道路上，必然會遇到各種各樣的選擇，其中不乏對自己人生道路的選擇。我們人生道路是要靠自己走的，最瞭解自己的人是

自己，而且只有自己才清楚自己真正想要的是什麼。一旦明確了自己的選擇，就要無怨無悔地走下去。

成功貴在堅持。自己選擇的路也許與大眾的意志相違背，但既然選擇了，就要堅持下去，何必過多地去在乎別人的看法呢？

在多種選擇面前，人們往往是會陷入一種茫然的境地，不知道該做出何種選擇。在這種情況下，你要仔細比較一下，哪種選擇更適合自己，而不是過多地去顧忌「如果我這樣，別人會怎樣」，畢竟要做出選擇的是你而不是別人。過多顧忌別人的想法和說法，只會使自己原來的思路更亂，哪怕提供建議的是專家名人。

選擇適合自己的路走下去，高興就好，我的人生我做主！

3 快樂的星期三：對消極情緒產生免疫力

心情：這一天正好處在一周工作日的中間，一定要設法讓自己保持快樂的心情。不知道你有沒有見到過挑擔子的人，扁擔的位置擺放得當，步子就會很輕靈，走起路來像跳舞似的。即使你是個對自己很挑剔又非常理智的人，也不要吝嗇給自己一點兒表揚和鼓勵。檢查一下自己的工作，有哪些值得稱道之處，然後對自己說：「你這傢伙，還不賴！」凡事往好的方向看，是營造好心情的關鍵。

心態：一切事物都有兩面性，問題在於我們自己怎樣去看待，怎樣去選擇。面對太陽，你眼前是一片光明；背對太陽，你看到的是自己的影子。

用餐的客人問服務生：「明天天氣預報如何？」

服務生肯定地說：「會是我喜歡的天氣。」

客人不解地問：「你怎麼知道正好是你喜歡的天氣？」

服務生回答道：「我發現環境不是經常能如我意，所以，我便學習樂觀地去面對我所遇到的一切。因此，明天天氣一定是我喜歡的。」

樂觀本身就是一種成功，因爲它意味著你擁有健康的心態，活得快樂瀟灑、安閒自在。你的態度決定了你的心情，影響你的健康，甚至會改變你一生的際遇。培養樂觀心態，凡事多往好處著想，這是心理健康的前提。

憤怒是人類最核心的情緒之一，是每個人都會經歷到的。在大部分情況下，我們會把憤怒情緒歸爲消極情緒，因爲大部分的憤怒情緒都會衍生出破壞與消極的結果。但實際上，是否憤怒與憤怒的結果都是由我們自己來選擇的。

若要控制好憤怒，第一步就是深刻瞭解——「憤怒是一種選擇」。

在生氣的時候，很多人都認爲是「因爲對方」。因爲對方沒有遵守約定、說了謊、侮辱了自己……但你要知道，在相同的條件下，你的選擇可以決定憤怒與否。憤怒的表達方法也因選擇而異，既可以表露在外，也可以抑制下來，或是用適當的方法表現出來。所做出的選擇的不同，憤怒的結果也會不同，既有可能帶來破壞性的結果，也有可能帶來建設性的結果。

我們的人生目標是什麼呢？是快樂，還是憤怒？若想要擁有快樂的人生，我們就不能選擇憤怒。有一個明確的事實是，憤怒與快樂是不能共存的。當我們選擇快樂的時候，憤怒自然就會減少。

傑瑞是一家飯店的經理，每天都是笑容滿面，顯得非常快樂。曾經有人對他提出了這樣的問題：「我第一次見到像你這樣總是樂觀積極的人，你有什麼秘訣嗎？」

傑瑞答道：「每天早上醒來後，我就會對自己說：『我今天可以做個選擇，一種是愉快的心情，另一種則是惡劣的心情。』然後，我每次都會選擇愉快的心情；遇到不如意的事情時，我就會想：『我是要成為受害者，還是從這件事情中學到什麼？而我的選擇是從中學到新知識；此外，每當有人吐露不滿時，我會想：『只是聽著別人吐露不滿』，還是告訴他：人生也有光明的一面？而我的選擇總是後者。」

「但是，一直這樣做是很困難的事吧？」

傑瑞微笑著回答：「您說得對。人生其實就是一個不斷選擇的過程，在有很多選項的情況下，我們每次都只能做一種選擇。事實上，我們也可以選擇擁有愉快的心情或惡劣的心情，甚至於選擇擁有怎樣的人生。」

幾年後，傑瑞遇到一場意外。他上夜班時忘記關飯店的後門，導致三名歹徒闖入並開槍射擊他。隨後，歹徒們很快就逃掉了。

萬幸的是，受傷的傑瑞被人發現，很快送往醫院。

來醫院看望他的朋友問道：「歹徒用槍瞄著你的時候，你在想什麼？」

「當我受到槍擊倒在地上時，其實我有兩個選擇。一是繼續我的人生旅程，另一個是死亡。這一次，我選擇的是前者。」

人生就是一個接一個的選擇。當我們選擇快樂時，快樂就會來到我們身邊；但若選擇憤怒，跟隨我們的自然就是憤怒。

生活中，很多人都堅信，快樂是可以互相傳染的，但有時快樂也是被人操縱的。所以，很多人總是要求別人做出順己意、舒己心的事，但是，又有幾人能夠順從甚至永遠順從我們的要求呢？

快樂是自己給自己的，只要你想快樂，沒有人可以把它從你手中奪走。因此，你要學會給自己尋找快樂，每天用微笑詮釋你的快樂！

每天微笑多一點，快樂就多一點。對一件挺難的事情，報以一個微笑，事情好像就變得簡單多了。

說到選擇快樂，職場中人紛紛抗議：我們整天忙都忙死了，哪還有時間找快樂啊，只是沒有辦法，爲了生活，爲了讓自己過得舒適一點，我們只能辛勤工作！

你想過沒有，工作將占去人一生約一半的時間，把工作中的樂趣丟掉，你損失了多少？以人生一半時間的痛苦去換另一半時間所謂的快樂，你的快樂是不是打折了呢？

具有快樂心態的人，在任何情況下都能快樂起來。

美國前總統羅斯福的家中被盜，丟失了許多東西。一位朋友知道後，馬上寫了一封信安慰他，勸他不必太在意。

羅斯福給這位朋友寫了一封回信，信中說：

「親愛的朋友，謝謝你來安慰我，我現在很平安。因為，第一，賊偷去的是我的東西，而沒傷害我的生命，值得高興；第二，賊只偷去我的部分東西，而不是全部，值得高興；第三，最值得慶幸的是，做賊的是他，而不是我。」

對任何一個人來說，被盜絕對是一件不幸的事，但羅斯福卻找出了感謝和慶幸的三個理由來讓自己快樂。

所以，如何在不利的事件中看到其有利的一面，在消極的環境中看到積極的因素，在茫茫的黑夜裏看到黎明的希望，在淒風苦雨中看到美麗的彩虹……這是一種處世哲學，也是生活中的大智慧。

職場中也是如此，想讓工作天天快樂並不容易，但你可以樹立積極的工作態度，想像著每天都是嶄新的，每天都將有嶄新的收穫。老闆向你發火時，你要明白自己錯在什麼地方，避免下次再犯。每天微笑著面對生活，別人就會知道你很快樂，就會願意親近你，與你相處，你的人際關係就會更融洽……

那麼，在平時的工作中，我們該如何給自己快樂呢？又該如何讓微笑詮釋自己的快樂？

給身邊的人快樂，身邊人的快樂會帶給你更大的快樂

加利福尼亞大學的研究人員曾發現，快樂的人更容易獲得事業成功。

該研究科目的帶頭人索尼亞說：「導致這種現象的原因很可能是快樂的人經常會有積極的情緒，這種情緒能夠激勵他們更主動地工作，接受新的知識。當他們覺得快樂的時候，會覺得很自信、樂觀、精力充沛，這樣會使他們更有親和力。」

從心理學的角度來看，這個研究結果是有道理的。具備良好心理狀態的人，能夠把有限的心理能量投入到建設性的事務中去，能夠更自然地開展工作，更大地釋放自己的潛能，提高工作效率，這對於取得成功是相當重要的因素。

學會讓自己快樂的方法

有人會說：誰不想讓自己過得快樂點呢？我們也知道，一個人快不快樂，關鍵在於自己的心態，可是我們就是沒有辦法說服自己，讓自己快樂，我們總是感覺有好多事情讓自己不快樂，我們該怎麼辦呢？

要想讓自己在職場中快樂，必須先從自身的修煉做起。

「假裝快樂」調整情緒

悲傷的情緒會導致人體新陳代謝減緩，所以人在悲傷的時候往往會精力衰退，對外界事物興趣全無。「假裝快樂」是一種快速調整情緒獲得快樂的方法，雖然治標不治本，但的確有效。

心理學研究發現，人類的身體和心理是互相影響、互相作用的整體，某種情緒會引發相應的肢體語言。比如憤怒時，我們會握緊拳頭、呼吸急促；快樂時，我們會嘴角上揚，面部肌肉放鬆。然而，肢體語言的改變同樣也會導致情緒的變化，當無法調整內心情緒時，你可以通過調整肢體語言，帶動出你所需要的情緒。

比如，你強迫自己做出微笑的動作時，你會發現內心真的湧動出了歡喜的情緒。所以，「假裝快樂」，你就會真的快樂起來，這就是身心互動原理。

行為獲得快樂

這種快樂感受還可以通過行爲獲得。當你感到情緒壓抑的時候，可以找個地方嘗試一下「笑」的功效：先站直，然後身體前屈九十度，再後仰十度，並配合喊出「哈哈哈哈」的聲音，動作和聲音要力求誇張，連做六次，前後對比會有不同感受。

修身養性

以上兩種方法都治標不治本，能否發自內心真正地快樂，還要看自己本身的工作態度和生活態度。也就是說，如果你自己缺乏一種積極向上的工作態度和生活態度，即使工作或生活在快樂的集體裏也無濟於事。

這些說著容易，做起來就難了。每個人的性格、脾氣、承受挫折的能力都是不一樣的，可能有些人天生悲觀，容易往壞的方面想。我們更要修身養性，學會熱愛生活、熱愛工作，努力融入工作環境和工作群體，學會寬容，不斤斤計較，凡事盡可能與人爲善。

4 整合的星期四：自律自省，及時完善自己

心情：經過了一周中前三天的折騰，環境、心境會顯出不同程度的雜亂，空間相對縮小，氧氣供應不足，具體表現爲莫名其妙的煩躁感，但又不得不按捺著性子完成一天的工作，直到下班路上，這種心情仍然沒有改變。回到家裏，又發現電視機上、玻璃板上佈滿了灰塵，心情也跟著灰暗了起來。

環境中的灰塵是一點兒一點兒積聚而成的，同樣，心情的抑鬱也會堆積。某項工作、某個環節出了錯，其實責任並不在你，你卻有口難辯；某位同事誤會了你，而你又不想解釋；某君各方面都不及你，老闆卻偏偏器重他；你對工作明明已經很盡力了，老闆卻沒有給予相應的認可，反而好像對你沒「感覺」，等等，這些心理因素都會造成心情「積灰」，導致不良反應。

心態：要使你的房間耳目一新，就要對房間裏的物品定期進行清理，該留的留，該扔的扔，該重新添置的重新添置。心理減負也是如此。你首先要認清矛盾的根源和性質，逐一分析、歸類，這樣才能作出正確判斷。

世界上沒有一個人能保證自己永遠不犯錯誤，我們應當牢記的一個法則是：不要犯同樣的錯誤。正如那句諺語所說——一隻狐狸不能讓同一個陷阱捉牠兩次，驢子也絕不會在同樣的地點摔倒兩次，世上只有傻瓜才會第二次跌進同一個池塘。

任何人都難免犯錯誤，聰明的人能夠吸取上一次犯錯的教訓，爲預防下一次挫敗做好準備。

獵人捕獲了一隻能說九十種語言的鳥。

這隻鳥說：「放了我，我將告訴你三條忠告。」

獵人回答說：「先告訴我，我保證會放了你。」

鳥說道：「第一條忠告是：做事後不要懊悔。」

「第二條忠告是：如果有人告訴你一件事，你自己認為是不正確的就不要相信。」

「第三條忠告是：當你爬不上去時，別費力去爬。」

講完這三條忠告之後，鳥對獵人說：「現在你該放了我吧。」獵人遵守諾言將鳥放了。

這隻鳥飛起後落在一棵高樹上，牠向獵人大聲叫道：「你放了我，你真是愚蠢啊。因為你並不知道在我的嘴裏有一顆十分珍貴的大珍珠，正是這顆珍珠使我變得聰明。」

氣急敗壞的獵人很想再次捕獲這隻已經放飛了的鳥，於是他跑到樹下開始往上爬。但是剛爬到一半的時候，他不慎掉了下來並摔斷了雙腿。

鳥嘲笑叫道：「傻瓜！我剛才告訴你的忠告你全忘記了。我告訴你，一旦做了就別後悔，而你卻後悔放了我；我告訴你如果有人對你講你認為是不可能的事，就別相信，但你卻相信像我這樣一隻小鳥的嘴中會有一顆很大的珍珠；我告訴你如果你爬不上去時，就別強迫自己去爬，而你卻追趕我並試圖爬上這棵大樹，還掉下去摔斷了你的雙腿。」

這則故事的寓義可謂深刻至極。無論在生活中還是在工作中，我們都經常聽到別人的忠告，有時自己也會對別人提出忠告。

忠告一般都是從經驗教訓中總結出來的，目的就是爲了避免下一次的錯誤。因此，我們應該從自己成功與失敗的經歷中得出經驗教訓，然後根據實際情況靈活運用，避免犯同樣的錯誤。

豪威爾是美國財經界的領袖，曾擔任美國商業信託銀行董事長，還兼任幾家大公司的董事。他受過的正規教育很有限，早年曾在一個鄉下小店當過店員。

豪威爾先生講述他克服危機的秘訣時說：「幾年來，我一直有個記事本，記錄一天中有哪些約會安排。家人從不指望我週末晚上會在家，因為他們知道，我常把週末晚上留作自我省察，評估自己在這一周中的工作表現。晚餐後，我獨自一人打開記事本，回顧一周來所有的面談、討論及會議過程。我自問：我當時做錯了什麼？有什麼是正確的？我還能做些什麼來改進自己的工作表現？我能從這次錯誤中吸取什麼教訓……這種每週檢討有時弄得我很不開心，有時我幾乎不敢相信自己的莽撞。當然，年事漸長，這種情況倒是越來越少了。我一直保持著這種自我分析的習慣，它對我的幫助非常大。」

平庸的人常因他人的批評而憤怒，有智慧的人卻會想辦法從中學習。詩人惠特曼曾說：「你以爲只能向喜歡你、仰慕你、贊同你的人學習嗎？從反對你、批評你的人那兒，不是可以得到更多的教訓嗎？」

與其等待敵人來攻擊我們，倒不如自己對自己動手。我們可以成爲對自己最嚴苛的批評家，在別人抓到我們的弱點之前，我們應該自己認清並處理這些弱點，及時完善自己。這樣做雖然不能保證百戰百勝，但至少可以避免敵人用同樣的手法輕易地擊敗自己。

5 OK的星期五：把大事做細，把小事做好

心情：本周每天都很忙，卻總是沒有出色的業績；本周付出很多，得到的卻只有老闆的白眼。

心態：如果你感覺事情太多，壓力太大，身心疲憊仍一無所獲，那麼，你可能不是工作不努力，而是沒有掌握提高工作效率的正確方法。這就等於你在無意中浪費了自己的時間。

每個人都想減壓，而最好的減壓辦法不是減少工作量，而是「增效」。效率提高了，壓力自然就減下來了。要提高工作效率，就要保證少做無用功。如果你能有意識地把自己做的無用功降低到最低限度，那麼，你這一生肯定會更有意義。

下面的建議不是萬能的「靈丹妙藥」，但可以給你提高工作效率提供一些有益的參考。

明確每件事的目的再去做

我們清楚地知道，吃飯是爲了不餓，喝水是爲了不渴，睡覺是爲了不睏，但很多時候卻不知道工作是爲了什麼。別人說做什麼就做什麼，別人說怎麼做就怎麼做，從來不去思考爲什麼要這麼做。由於目的不明確，你做了很多費力不討好的事情。

一件事，我們只有明白了爲什麼去做，才能知道如何高效地把它做好。

做事不能湊合，第一次就要抱著做好的心態

你經常會碰到一些別人讓你去做而你又不感興趣的事，也經常碰到你需要去做卻沒有時間或懶得去做的事情。對於這些事，你經常會先湊合地做著，遇到問題也會放一放，希望哪一天自己有了興趣、靈感和時間的時候再去做，或者等別人發現了其中的不妥之處再去修改和完善。而實際上，等你再次面對這類問題的時候，你卻發現自己還是跟以前一樣沒有時間，更沒有了做的心境。

做事千萬不要敷衍，要麼不做，要麼第一次就儘量把它做好。

或許你會說，我又不是神仙，怎麼可能保證第一次就把事情做好呢？工作中怎麼可能不容許一點誤差或差錯呢？確實，人非聖賢，在工作中難免會出一些錯誤，有一些過失。這裏說的「第一次就把事情做好」是指一種精益求精、力求完美的工作態度。一個人如果在做事前就抱著「犯點錯沒關係」、「有誤差是很正常的」、「等有了問題再說」的態度，那麼八成會出紕漏。

再忙也要留出思考的時間

因爲太忙，所以沒時間思考。殊不知，越是缺乏思考，越是讓自己胡亂忙碌。有時候，一個小時的思考可能勝過你一個星期的忙碌。

思考能幫助你從無效走向有效，從有效走向高效。在啓動工作之前，你需要思考的是：哪些事情值得做，應該如何做，什麼時候做。

不經過思考和調查就盲目行動，很容易做無用功。對於不喜歡思考的人來說，「忙」不是爲了完成該做的事，而僅僅是一種習慣。

很多「忙上癮」的人，做事總喜歡「先做了再說吧」；等做出來後，卻發現所作所爲毫無意義，於是又「先放著再說吧」；放的時間長了就將這件事忘記了。這其實是對自己的勞動成果不尊重的一種表現。

因此，千萬不能拿忙碌作爲不思考的藉口，越忙越要抽空思考。你會發現，一個小時的停步思考，可能會比一整天無頭蒼蠅般地亂撞有用得多。現在，不妨放下手中的事情，找個安靜的地方，看看夕陽，喝喝咖啡，沉澱一下自我，好好地思考一下手頭的事情！

把事情做到細微

把事情做到細微是一種負責任的工作態度，既是對別人負責，更是對自己負責。

細微而出色地完成任務，能幫助你贏得領導的好感，爲自己爭取更多的表現機會。比如，當領導要求我們寫一份產品推廣計畫書時，有可能需要大量的調查資料。這個時候，會出現兩種做法：

第一種：因爲該計畫是領導已經敲定的，所以在制定計劃之前，全體員工都知道了大致的計畫方向和市場情況。寫計畫書的時候，依照既往的資料估計出個大致的資料就可以了，至於調查數據、通過各種繁瑣的途徑查閱資料等，大可不必；媒體的選擇就更好辦了，公司有固定的媒體資源，聯繫這些媒體就行了。這樣會節省你很多工作時間和精力。

第二種：儘管該案已經是老闆欽定的項目，在推廣前，還是應該瞭解市場情況，瞭解同類產品的具體銷售情況，以及銷售中出現的問題。明確哪些區域銷售狀況理想，哪些區域欠佳等，使所有資料都有來歷，而不是道聽塗說或根據往年資料推斷；對於媒體的選擇，公司當然有固定的媒體資源，但要考慮一下這些媒體資源中哪些適合、哪些不適合，還有哪些新的媒體資源可以開發。而這將花費你不少的時間和精力。

兩份產品推廣計畫書，大致的結構一樣，重要的條目都是一條不少，裏面列舉的資料資料可能也差不多，但老闆審閱時就會發現其中的區別。他希望看到的是一份詳細的實施計畫以及解決問題的方案。

如果你接到該任務，你會選擇哪種做事方式？

自作聰明、做事浮躁、懶惰的人常選擇第一種，這樣使他們不必費什麼事就能交差；做事沉穩、踏實的聰明人會選擇第二種方式，他們在這項工作中損失的時間和精力會因結果的完美而得到彌補，而且在這個過程中，他們還能得到一些前者無法得到的資訊以及學習的機會。

把工作做到細微，意味著會碰到一些瑣碎的事情。實際上，「細緻」並不代表「細小」，而代表著「細心」。

工作因細微而卓越。任何時候，都要告訴自己：「細微，再細微一些。」這樣不僅能減少工作中的失誤，還能給自己創造不少機會。

美國標準石油公司曾經有一位小推銷員阿基勃特。他在出差住旅館的時候，總是在自己簽名的下方寫上「每桶四美元的標準石油」字樣，在書信及收據上也不例外，簽了名，就一定要寫上那幾個字。他因此被同事叫做「每桶四美元」，而他的真名倒沒有人叫了。

公司董事長洛克菲勒知道這件事後感動地說：「竟有職員如此努力宣傳公司的產品，我要見見他。」於是洛克菲勒邀請阿基勃特共進晚餐。後來，洛克菲勒卸任，阿基勃特成了公司第二任董事長。

在簽名的時候署上「每桶四美元的標準石油」，並不是老闆交代的任務，但阿基勃特卻主動地去做。這只是一件很小的事情，一件輕而易舉的事。這行字有可能讓人注意不到，或者嗤之以鼻，但也可能爲阿基勃特帶來一筆大的訂單。結果證明，它爲阿基勃特帶來了與董事長直接交流的機會。

把大事做細，把小事做好，正是我們需要做的。

昨天的我，你愛理不理；今天的我，你高攀不起

作者：張旭
發行人：陳曉林
出版所：風雲時代出版股份有限公司
地址：10576台北市民生東路五段178號7樓之3
電話：(02) 2756-0949
傳真：(02) 2765-3799
執行主編：朱墨菲
美術設計：吳宗潔
行銷企劃：張慧卿、林安莉
業務總監：張瑋鳳

初版日期：2018年2月
版權授權：馬峰
ISBN ：978-986-352-531-8

風雲書網：http://www.eastbooks.com.tw
官方部落格：http://eastbooks.pixnet.net/blog
Facebook：http://www.facebook.com/h7560949
E-mail：h7560949@ms15.hinet.net
劃撥帳號：12043291
戶名：風雲時代出版股份有限公司

風雲發行所：33373桃園市龜山區公西村2鄰復興街304巷96號
電話：(03) 318-1378
傳真：(03) 318-1378
法律顧問：永然法律事務所 李永然律師
北辰著作權事務所 蕭雄淋律師

行政院新聞局局版台業字第3595號 營利事業統一編號22759935

定價 ：280元

國家圖書館出版品預行編目資料

昨天的我,你愛理不理;明天的我,你高攀不起 / 張旭著. -- 初版. -- 臺北市：風雲時代, 2018.01-
面；公分
ISBN 978-986-352-531-8 (平裝)
1.自我實現 2.成功法
177.2 106023926